Praxis 7/8

Arbeitslehre/Wirtschaft

Lehrerband mit Kopiervorlagen

Herausgeber:
Franz-Josef Kaiser
Hans Kaminski

Autoren:
Manfred Hübner
Ursel Imhof
Hans Kaminski
Robert Künstner
Reinhard Neudeck
Ortrud Reuter-Kaminski

westermann

Bildquellenverzeichnis
Image & Design, Bettina Kumpe, Braunschweig: 67, 68, 123, 126, 136, 137
Globus Infografik: 85, 86, 98, 100
Photostudio Druwe & Polastri, Weddel: 54, 55, 138, 139
Westermann Archiv, Braunschweig: 63, 69, 70

Druck A [2] / Jahr 2009
Alle Drucke der Serie A sind im Unterricht parallel verwendbar.

Redaktion: Marion Martens
Herstellung: Nicole Hotopp
AndersARTig, Reproduktion, Werbung & Verlag GmbH, Birgit Funke, Braunschweig
Druck und Bindung: westermann druck GmbH, Braunschweig

ISBN 978-3-14-**19 6067**-9

Inhaltsverzeichnis

1. Zur Konzeption des Faches Arbeitslehre/Wirtschaft 5

2. Lerntheoretische Aspekte eines handlungsorientierten Methodenkonzepts 7
2.1 Methodenkompetenz 8
2.2 Die Einführung von Schülerinnen und Schülern in handlungsorientierte Aktionsformen des Wirtschaftsunterrichts 9
2.3 Konsequenzen für ein handlungsorientiertes Methodenkonzept 10
2.4 Einige Aktionsformen des handlungsorientierten Wirtschaftsunterrichts 12

I Konsumentensouveränität – Verkaufsstrategien 20
- Didaktische Konzeption 20
- Lösungsvorschläge zu den Aufgaben 20
- Arbeits- und Lösungsblätter 25
- Lernzielkontrolle und Lösungen 45

II Markt und Marktgeschehen 49
- Didaktische Konzeption 49
- Lösungsvorschläge zu den Aufgaben 49
- Arbeits- und Lösungsblätter 54
- Lernzielkontrolle und Lösungen 58

III Entwicklung und Funktionen des Geldes 62
- Didaktische Konzeption 62
- Lösungsvorschläge zu den Aufgaben 62
- Arbeits- und Lösungsblätter 65
- Lernzielkontrolle und Lösungen 77

IV Produktion, technischer Fortschritt, Strukturwandel 81
- Didaktische Konzeption 81
- Lösungsvorschläge zu den Aufgaben 81
- Arbeits- und Lösungsblätter 87
- Lernzielkontrolle und Lösungen 97

V Berufsorientierung und Berufswahl **101**
- Didaktische Konzeption 101
- Lösungsvorschläge zu den Aufgaben 102
- Arbeits- und Lösungsblätter 106
- Lernzielkontrolle und Lösungen 127

VI Staat und Wirtschaft **129**
- Didaktische Konzeption 129
- Lösungsvorschläge zu den Aufgaben 130
- Arbeits- und Lösungsblätter 136
- Lernzielkontrolle und Lösungen 142

VII Ökonomie und Ökologie **144**
- Didaktische Konzeption 144
- Lösungsvorschläge zu den Aufgaben 145
- Arbeits- und Lösungsblätter 148

VIII Fertigung von Gütern und Maschinen **157**
- Didaktische Konzeption 157
- Lösungsvorschläge zu den Aufgaben 157
- Arbeits- und Lösungsblätter 162
- Lernzielkontrolle und Lösungen 175

1. Zur Konzeption des Faches Arbeitslehre/Wirtschaft

Das grundlegende Ziel der didaktisch-methodischen Konzeption dieses Bandes besteht darin, dass er einen handlungsorientierten Unterricht begünstigen soll, der auf die Vermittlung von Handlungskompetenz ausgerichtet ist. Der Erwerb von Handlungskompetenz beinhaltet zugleich die Vermittlung von Fachkompetenz, Sozialkompetenz und Methodenkompetenz sowie die Fähigkeit zum permanenten Umlernen und Weiterlernen (Lernkompetenz).

Mit dieser Fassung des Begriffs Handlungskompetenz soll zugleich der populistischen Umdeutung handlungsorientierter Lernkonzepte begegnet werden, die eine Gleichsetzung von praktischen Tätigkeiten und Handlungsorientierung vornehmen. Alle lerntheoretischen Erkenntnisse zeigen jedoch, dass z. B. ohne die Vermittlung einer soliden Fachkompetenz dem Begriff der Handlungskompetenz ein Bärendienst erwiesen wird.

Die didaktisch-methodische Gestaltung

1. Einen besonderen Stellenwert erhalten neben den fachlichen Informationen, die das Buch enthält, vor allem methodische Hinweise und Arbeitsaufgaben, die die Schülerinnen und Schüler zu partnerschaftlichem und sozialem Lernen in Gruppen anleiten. Die Lernprozesse sind so zu gestalten, dass die Schülerinnen und Schüler befähigt werden, sich selbstständig Wissen anzueignen, Probleme zu lösen und neue Situationen zu bewältigen, um damit einen Beitrag zur lebenslangen Lernfähigkeit und Lernbereitschaft zu leisten.
   Praxis Arbeitslehre/Wirtschaft soll deshalb, ohne die traditionellen Methoden wie Lehrer- und Schülervortrag, Fragen entwickelnder Unterricht, Unterrichtsgespräch auszuschließen, vor allem auch aktive Lernverfahren wie z. B. Rollenspiel, Projektmethode, Erkundung, Expertenbefragung u. a. fördern.

2. Da für alle Formen des offenen und handlungsorientierten Unterrichts die Methodenkompetenz der Schülerinnen und Schüler eine hohe Bedeutung hat, werden in dem Band wichtige Arbeitstechniken und aktive Methoden für die Schülerinnen und Schüler so aufbereitet, dass sie nicht nur für den gegebenen Sachverhalt eingesetzt werden können, sondern diese bei allen Lerninhalten, bei der Auseinandersetzung mit Fallbeispielen aus der Region, bei der Beschaffung, Auswertung und Bewertung von Informationsmaterialien, der Inanspruchnahme von Experten usw., unterstützen sollen.

3. Folgende Methoden und Arbeitstechniken sind dargestellt:
   - Referat
   - Beurteilen und Lösen von Problemen
   - Arbeitsplatzerkundung
   - Projekt
   - Eine Wandzeitung gestalten
   - Erkundung eines BIZ
   - Ein Fahrplan zur Berufsorientierung
   - Experiment

   Damit wird das Konzept einer stufen- und schrittweisen Entwicklung der Methodenkompetenz verfolgt.

4. Um die Fähigkeit der Schülerinnen und Schüler zu fördern, zunehmende Selbstständigkeit zu erlangen, Arbeitsaufgaben zu bewältigen, Situationen zu analysieren, Zusammenhänge zu erkennen, praktische Tätigkeiten durchzuführen, werden die charakteristischen Phasen einer Methode über Piktogramme (vgl. z. B. S. 13 und S. 21 f. des Schulbuches) entwickelt, die mit ihrem Erinnerungswert die Selbstständigkeit der Schülerinnen und Schüler fördern sollen.

5. Die fachliche Aufarbeitung der einzelnen Themen geschieht ebenfalls unter den lerntheoretischen Erkenntnissen eines handlungsorientierten Lernkonzepts. Ausgangspunkt der fachlichen Auseinandersetzung sind Schülererfahrungen oder Fallbeispiele, die die Reflexion von Erfahrungen ermöglichen. Es erfolgt dann eine stufen- und schrittweise Entwicklung, die eine qualitative Zunahme von sozioökonomischen Erkenntnissen zum Ziel hat.

6. Um den Herausforderungen eines modernen handlungsorientierten Unterrichts gerecht zu werden, wird ergänzend zu dem Schülerband dieser Lehrerbegleitband bereitgestellt. Einige Elemente dieses Begleitbandes sind:
   - Wo aus dem Schulbuch selbst heraus die Lösung der Aufgaben möglich ist, werden Lösungshinweise gegeben (dies gilt natürlich nicht für Aufgaben, die ortsabhängig sind).
   - In besonderer Weise wird die Methodenkompetenz gefördert. Deshalb werden die folgenden Methoden ausführlich dargestellt:
     • Projekt
     • Erkundung
     • Expertenbefragung
     • Experiment
   - Zu jedem Schulbuchkapitel gibt es mehrere Arbeitsblätter zur Vorbereitung, Durchführung, Auswertung von Erkundungsaufgaben, die zusätzliche Übungen ermöglichen.
   - Es wurde besonderer Wert auf eine textliche Darstellung gelegt, die der unterrichtenden Lehrkraft in gewisser Weise einen roten Faden vermittelt und sie dann in den Stand versetzt, fachlich und methodisch solide an diese unterrichtliche Aufgabe heranzugehen. Nach allen unterrichtlichen Erfahrungen benötigen Lehrkräfte diese Hilfen, damit sie den Anforderungen eines handlungsorientierten Unterrichts gerecht werden können, und nicht allein nach subjektiven Präferenzskalen ihre inhaltlichen und methodischen Entscheidungen treffen müssen und auf diese Weise von Aktion zu Aktion getrieben werden, von Fallbeispiel zu Fallbeispiel gehen, aber ihnen die inhaltliche Integration überlassen bleibt. Gerade dies würde einem modernen handlungsorientierten Unterricht diametral entgegenstehen.

7. Insgesamt versucht dieser Band, den didaktischen Grundsätzen der Rahmenvorgaben Nordrhein-Westfalens in allen Anforderungen gerecht zu werden. Er bietet die Möglichkeit, die Lebensumwelt der Schülerinnen und Schüler bei der Planung des Unterrichts zu berücksichtigen, macht vielfältige Vorschläge zur Begegnung mit der Realität der Arbeitswelt und für einen Lernortwechsel, unterstützt die Arbeitspraxis und stellt sicher, dass Erkenntnisse und Methoden der Bezugswissenschaften sowohl in der sachstrukturellen, der anthropologischen sowie in der historisch-prozessualen Dimension berücksichtigt werden.

2. Lerntheoretische Aspekte eines handlungsorientierten Methodenkonzepts

Da der Begriff des „handlungsorientierten“ Unterrichts bedauerlicherweise immer wieder zu missverständlichen Auslegungen zu führen scheint, soll mit den nachfolgenden Ausführungen an die theoretische Diskussion herangeführt werden, ohne dass an dieser Stelle der Anspruch vertreten wird, dies hier in allen Dimensionierungen leisten zu können. Daher seien die Leserin und der Leser auf die entsprechende lerntheoretische, fachdidaktische und erziehungswissenschaftliche Literatur verwiesen.

Ein handlungsorientiertes Methodenkonzept zu Wirtschaft, das auf den lern- bzw. handlungstheoretischen Grundannahmen *Aeblis* (1980, vgl. zusammenfassend *Kaiser/Kaminski* 1997) basiert, d. h.: Im Hinblick auf die Realisierung erfolgreicher Lernprozesse kommt es insbesondere darauf an, Lehr- und Lernarrangements so zu gestalten, dass die Schülerinnen und Schüler die Möglichkeit erhalten, durch weitgehend selbstgesteuertes Lernen theoretisches Wissen im Zusammenhang mit praktischen Problemstellungen und Handlungsvollzügen aufzubauen.

Handlungsorientiertes Lernen enthält, wenn es bildungswirksam werden soll, die Komponenten **Zielorientierung, Interaktion, situative Distanz** und **kritische Reflexion**. Entscheidend ist deshalb, dass nicht nur Handlungen ausgeführt werden, sondern diese von **kommunikativer Reflexion** begleitet werden. „Handlungen, Operationen und Begriffe müssen durchgearbeitet, d. h. vielfältigen Transformationen unterworfen und aus verschiedenen Perspektiven beleuchtet werden, damit sie beweglich werden. Nach ihrer Konsolidierung in der Übung müssen Handlungen, Operationen und Begriffe in neuen Situationen, Gegenständen und Erscheinungen erprobt und angewendet werden. Symbolische Darstellungen müssen mit realen Handlungen und Beobachtungen an der Sache selber in Verbindung gebracht werden. Echte Kommunikations- und Kooperationssituationen müssen hergestellt werden.“ (*Aebli* 1987, S. 31)

Es gilt darauf hinzuweisen, dass die Ansätze „handlungsorientierten Lernens“ an jene Traditionen in der Erziehungsgeschichte anknüpfen, die die „Handlung“ in den Dienst der Erziehung und des Unterrichts stellten und von *Comenius* (1592–1670) und *Pestalozzi* (1746–1827) über *Kerschensteiner* (1854–1932), *Gaudig* (1860–1923) bis hin zur kritisch-konstruktiven Erziehungswissenschaft bzw. Bildungstheorie der Gegenwart (*Blankertz, Klafki, v. Hentig, Deutscher Bildungsrat*) reichen (vgl. *Kaiser* 1987, S. 16).

Vor dem Hintergrund dieser bildungstheoretischen Tradition geht es letztlich um die Verbindung von „Kopf, Herz und Hand“, wie *Pestalozzi* formuliert hat oder um die Verbindung von Tun **und** Denken. Im Mittelpunkt steht die Frage, wie durch organisierte Lernprozesse der Anspruch eingelöst werden kann, den *Goethe im Wilhelm Meister* auf die Formel gebracht hat: „Denken und Tun, Tun und Denken, das ist die Summe aller Weisheit, von jeher anerkannt, von jeher geübt, nicht anerkannt von einem jeden: Beides muss wie Aus- und Einatmen sich im Leben ewig fort hin und wieder bewegen, wie Frage und Antwort sollte eines ohne das andere nicht stattfinden. Wer sich zum Gesetz macht, was jedem Neugeborenen das Genie eines Menschenverstandes heimlich ins Ohr flüstert, das Tun am Denken, das Denken am Tun zu prüfen, der kann nicht recht irren, und irrt er, so wird er sich bald auf den rechten Weg zurückfinden.“ (*Goethe, Wilhelm Meister*). Ein solcher Anspruch muss allerdings vor dem Hintergrund der gesellschaftlichen Entwicklungen von jeder Generation für jede Schulform neu gestellt und neu beantwortet werden.

Der inflationäre und undifferenzierte Gebrauch des Begriffs „Handlung“ hat jedoch zu vielfältigen Missverständnissen geführt. Weiterhin ist zu betonen, dass es bisher keine einheitliche Handlungstheorie und im Hinblick auf die handlungstheoretischen Grundannahmen eine Vielzahl neuerer wissenschaftlicher Legitimations- und

Begründungsmuster gibt, wie sich an dem von Lenk herausgegebenen sechsbändigen Werk „Handlungstheorien - interdisziplinär" ablesen lässt (vgl. *Lenk* 1978).

In einem umfassenden Bildungskonzept muss Schule neben den Voraussetzungen für die Grundbedingungen handlungsorientierten Lernens komplementär die Voraussetzungen für Muße, Ruhe und Besinnung schaffen, „vita activa" bedarf der „vita contemplativa".

Handlungsorientierte Lernkonzepte greifen immer dann zu kurz, wenn sie soziale und emotionale Komponenten des Lernens ungenügend berücksichtigen und die Sinnfrage, d.h. die Frage nach dem „richtigen Handeln", ausblenden.

Für menschliches Handeln, und das gilt auch für ökonomisches Handeln, ist die Sinnfrage von entscheidender Bedeutung. Bezogen auf die Leitfunktion von Wertvorstellungen und Wertkonflikten heißt das:
- Sinnvolles Handeln, auch in ökonomischen Systemen, beinhaltet grundsätzlich eine **normative Analyse**.
- Ökonomische Fragen sind stets verbunden mit den Fragen nach den **rechten Zielen** und dem **verantwortlichen Handeln** für die Gesamtgesellschaft und den Einzelnen.
- Auseinandersetzungen auch in so genannten Sachfragen enthalten oft **verdeckte Auseinandersetzungen** normativer Art.

Die zu fordernde Handlungskompetenz enthält mehrere Teilkompetenzen, die nur im Zusammenhang mit den anderen ihre volle Wirksamkeit entfalten können: Sachkompetenz, Sozialkompetenz, Lernkompetenz und Methodenkompetenz. Dies kann hier nicht im Einzelnen ausgeführt werden. Dafür lässt sich auf die einschlägige Literatur zurückgreifen.

Auf den Aspekt der Entwicklung der Methodenkompetenz soll aber dennoch näher eingegangen werden.

2.1 Methodenkompetenz

Besonders in erziehungswissenschaftlichen Diskussionen wird immer wieder gefordert, die Methodenkompetenz der Lernenden zu entwickeln und zu fördern. Schülerinnen und Schüler lassen sich aber nur dann zu selbsttätigem und weitgehend autonomem Lernen führen, wenn sie auch die Möglichkeit erhalten, *Methodenkompetenz* zu erwerben und einzuüben.

Das heißt beispielsweise Schülerinnen und Schüler in die Verlaufsstruktur der Methoden so einzuführen, dass sie Lernprozesse zunehmend auch selbst organisieren können. Hier empfiehlt es sich, mit den Lernenden „Unterricht über Unterricht" durchzuführen und sie systematisch mit Hilfe von Strukturschemata, z. B. mit der Verlaufsstruktur der Fallmethode, der Projektarbeit usw. vertraut zu machen und den tatsächlichen Ablauf des Unterrichts gemeinsam kritisch zu reflektieren.

Für die Vermittlung von Methodenkompetenz ist die Vermittlung von Techniken, die zusammengefasst als Fähigkeiten zur Informationsbeschaffung, -verarbeitung und -bewertung bezeichnet werden können, von nicht minderer Bedeutung. Ein sachgerechter und kritischer Umgang mit den neuen Medien (z. B. Internet) sollte durch den verstärkten Einsatz des Computers gepflegt werden.

Methodenkompetenz als Qualifikation korrespondiert mit bestimmten Arbeitstechniken (vgl. *Pres* 1992, *Leisenheimer* 1992, *Hepp/Ott* 1992, *Klippert* 1992, *Blanke* 1992, *Weber* 1992), die zu fördern und zu erwerben sind:

- *Schreibtechniken*: Fähigkeiten wie produktives/kreatives Schreiben, Notizen machen, stichwortartiges Protokollieren, stichwortartiges Mitschreiben, Gliedern, Strukturieren, Zitieren usw. können eingeübt werden durch Referate/Protokolle,

Thesen/Zusammenfassungen schreiben, einen Lehrervortrag mitschreiben, freie Texte schreiben, Berichte/Vorgangsbeschreibungen, Geschichten weiterschreiben, Gliederungen entwerfen.

- *Fragetechniken*: Fähigkeiten wie W-Fragen formulieren, verschiedene Fragetypen unterscheiden lernen (Wissensfragen, Verständnisfragen etc.), Befragungen durchführen, Fragen aus Texten usw. gezielt rekonstruieren, Fragen beantworten usw. Als Übungen können eingesetzt werden: Fragenlotto zu aktuellem Unterrichtsthema, Fragespiel „Wer bin ich ...?“ (z. B. in Geschichte), Frage-Antwort-Karten anlegen, Fragebogen entwerfen, Test erstellen, Leitfrage(n) zu Stundenbeginn formulieren, Fragenkatalog zur Unterrichtseinheit erstellen (U-Planung), Testfragen analysieren usw.

- *Planungstechniken*: Fähigkeiten wie Arbeits- und Zeitpläne aufstellen können, Projekte (mit-)planen, Unterrichtsplanung/Strategieplanung (Problemlösungstraining) usw. Sie können eingeübt werden durch: Arbeit mit der Metaplanmethode, Wochenplan/Tagesplan/Zeitplan erstellen (A-B-C-Aufgaben), Plan- und Entscheidungsspiele durchführen, Vorbereitung der Klassenarbeit planen, Projektplanung usw.

- *Strukturierungstechniken*: Fähigkeiten wie komplexe Informationen strukturieren, Begriffe zuordnen, Gliederungen anfertigen, in Systemen denken, Beziehungen herstellen usw. Sie können erlernt werden durch: Tabelle/Schaubild anfertigen, Wandzeitung/Plakat gestalten, Tafelbild zur Stunde entwerfen, Texte grafisch zusammenfassen, Arbeitsplan strukturieren, Schaubilder/Tabellen analysieren usw.

- *Ordnungstechniken*: Fähigkeiten wie Ausschneiden, Kleben, Lochen, Abheften, Markieren, mit Lineal arbeiten, Mappe/Heft/Ordner führen, Kartei anlegen usw. Sie können erlernt werden durch: handwerkliche Übungen mit Schere, Klebstoff, Lineal usw., Arbeitsblätter/Wochenbericht/Plakat usw. gestalten, Heftführung thematisieren, Mappe/Inhaltsverzeichnis anlegen (vgl. *Klippert* 1992, S. 14).

Insgesamt gesehen kann das Fach nur dann einen Beitrag zur Vermittlung von Handlungsfähigkeit im Sinne von Fach-, Sozial- und Methodenkompetenz leisten, wenn die Arbeits- und Lernsituationen so gestaltet sind, dass die Jugendlichen die Chance erhalten, Arbeits- und Lerntechniken zur selbstständigen Wissensaneignung und Problemlösung zu erwerben, die eigene Ausdauer und Belastbarkeit zu überprüfen, sich Kritikfähigkeit gegenüber Sachen und der eigenen Person anzueignen und die Bereitschaft entwickeln, auch ungewohnte und neue Wege zu beschreiten.

2.2 Die Einführung von Schülerinnen und Schülern in handlungsorientierte Aktionsformen des Wirtschaftsunterrichts

Schülerinnen und Schüler müssen „Methode“ haben, denn u. a. geht es bei allen unterrichtlichen Bemühungen auch darum, sie zu befähigen, immer unabhängiger vom Informationsmonopol der Lehrkraft zu werden. Schülerinnen und Schüler benötigen dazu Instrumente, die sie selbstständig für die Analyse neuer Sachverhalte bzw. für die Bewältigung von Problemen verwenden können.

Die spezielle Leistungsfähigkeit bzw. die Grundstruktur des Verfahrens einer Methode muss bekannt sein, damit der Zusammenhang der einzelnen unterrichtlichen Schritte deutlich wird. Die Forderung lautet: Versuchen Sie bei Ihren Schülerinnen und Schülern nach und nach Methodenbewusstsein zu entwickeln und einzuüben, indem Sie aktive Lernverfahren des Wirtschaftsunterrichts einsetzen und dabei die charakteristischen Arbeitsschritte dieser Methoden erarbeiten.

Folgende Überlegungen stecken, in zusammengefasster Form, hinter dieser Absicht (vgl. *Kaminski/Reuter-Kaminski* 1986):

1. Schülerinnen und Schüler können zielgerichteter und verständiger mit einer Methode umgehen, wenn sie wissen, was diese leistet und welche Anforderungen sich aus der Struktur einer Methode ergeben.

2. Die Bedeutung des sog. Meta-Unterrichts (Unterricht über Unterricht, s.o.) liegt vor allem darin, „dass Schüler und Lehrer gegenüber ihrem Verhalten und ihren Aktionen im Unterricht Distanz gewinnen, um Ziele ihres Handelns, ihre Auswirkungen, ihren Sinn und ihre Hintergründe kritisch zu betrachten und zu erörtern" (*Werres* 1976).

3. Die typischen Schritte einer Aktionsform, im Charakter von Piktogrammen dargestellt, dienen der Erarbeitung der Phasenabläufe und sollten den Schülerinnen und Schülern stets vergegenwärtigt werden (z. B. als Kopien in Arbeitsmappen, auf Tapetenbahnen für die Wand oder als Folien). Allerdings ist zu vermeiden, dass aus den Aktionsformen „Formalstufen-Schemata" werden. Die Phasen der Methoden dürfen nicht im Zentrum des Unterrichts stehen, sondern die zu lösende Aufgaben, das zu bewältigende Problem.

4. Bei den meisten Aktionsformen gibt es durchaus schwierige Teilschritte, bei denen leicht die Gefahr besteht, dass der Gesamtzusammenhang des methodischen Vorgehens aus den Augen der Beteiligten gerät. Wenn die Schülerinnen und Schüler in der Lage sind, schwierige Teilphasen in die Gesamtzielsetzung der Unterrichtseinheit einzuordnen, können sie diese besser überwinden, indem sie einsehen, dass jede Teilhandlung eine notwendige Voraussetzung für den nächsten Schritt ist, um schließlich ein Gesamtziel zu erreichen.

5. Wenn die Schülerinnen und Schüler nicht erkennen, dass wir als Lehrkräfte etwas ernst nehmen, werden die Schülerinnen und Schüler keinen Grund haben, größere Sorgfalt auf eine Sache zu verwenden als der Lehrende selbst. Wenn Schülerinnen und Schüler darüber hinaus sogar noch erkennen können, dass auch die Lehrkräfte der anderen Jahrgänge in gleicher Weise, mit gleicher Konsequenz und Kontinuität arbeiten, dann wird sich der Erfolg kaum vermeiden lassen.

In den Schülerbänden sind die mit **M** gekennzeichneten Abschnitte (vgl. z. B. Seiten 13, 21 f., 64 f., 96 ff.) Möglichkeiten, die Methodenkompetenz der Schüler und Schülerinnen zu fördern.

2.3 Konsequenzen für ein handlungsorientiertes Methodenkonzept

Zusammenfassend ergeben sich aus den bisherigen Überlegungen folgende Konsequenzen für ein handlungsorientiertes Lernkonzept für Wirtschaft, wie es hier verstanden wird (vgl. *Kaiser/Kaminski* 1999, S. 88 f.):

(a) Handlungsorientierter Unterricht ist ausgerichtet auf Handlungskompetenz. Der Erwerb von Handlungskompetenz beinhaltet zugleich die Vermittlung von Fachkompetenz, Sozialkompetenz und Methodenkompetenz sowie die Förderung der Lernkompetenz.

(b) Handlungsorientierter Unterricht ist ausgerichtet auf die Förderung einer vielseitigen Persönlichkeit und die Forderung von Handlungskompetenz durch die Gestaltung von ganzheitlichen Lernprozessen, die Wissen und Handeln so miteinander verbinden, dass wertorientiertes und theoriegeleitetes Denken und Handeln in komplexen Situationen entwickelt und gefördert werden.

(c) Handlungsorientiertes Lernen ist in dreifacher Weise auf Handlung bezogen: Es ist erstens theoretisches Lernen, das auf Handeln vorbereitet, zweitens ein Lernen durch Handeln und drittens kritische und interaktive Reflexion über das Handeln.

(d) Handlungsorientiertes Lernen zielt auf ein Methodenkonzept ab, das darauf ausgerichtet ist, die Schülerinnen und Schüler zu befähigen, sich zunehmend selbstständig Wissen anzueignen, Probleme zu lösen, neue Situationen zu bewältigen, ihre Lebens- und Umwelt mitzugestalten sowie lebenslang lernfähig und lernbereit zu bleiben.

(e) Die Realisierung eines handlungsorientierten Lernkonzepts zeichnet sich durch Methodenpluralismus und Pluralität der Lernorte aus, so dass auf allen Stufen an unterschiedlichen Lernorten und in unterschiedlichen Erfahrungszusammenhängen Lernprozesse initiiert werden.

(f) Handlungsorientierter Unterricht ist stets verbunden mit der Frage nach den rechten Zielen und dem verantwortlichen Handeln für die Gesamtgesellschaft, den Einzelnen und die Umwelt. Das schließt zugleich die Fähigkeit, moralische Konfliktsituationen zu bewältigen, ein.

(g) Handlungsorientierter Unterricht initiiert Lehr- und Lernprozesse, die konsequent aus der Perspektive des Lernenden rekonstruiert sind, d.h. das lernende Subjekt in den Mittelpunkt stellen.

(h) Handlungsorientiertes Lernen setzt auf Lernprozesse, die zunehmend von den Lernenden selbst bzw. autonom gesteuert werden, indem systematisch Planungs-, Arbeits- und Lerntechniken vermittelt werden und offen gestaltete Medien in Form von Lernmaterialien mit Arbeitsaufträgen und Leitfragen für die Selbstorganisation der Lernprozesse bereitgestellt werden.

(i) Handlungsorientiertes Lernen verlangt Lehrkräfte, die sich in ihrer traditionellen Rolle als Wissensvermittler zurücknehmen und vorrangig die Schülerinnen und Schüler anleiten, sich selbstständig Wissen anzueignen, Probleme zu lösen und Aufgaben zu bewältigen. Sie schaffen Bedingungen, die die Selbstorganisation der Lernenden erst ermöglicht.

Literatur

Aebli, H.: Denken: Das Ordnen des Tuns, Stuttgart 1980.
Aebli, H.: Zwölf Grundformen des Lehrens, 6. Auflage, Stuttgart 1991.
Kaiser, F.-J.: Handlungsorientiertes Lernen in kaufmännischen Berufsschulen, Bad Heilbrunn/Obb. 1987.
Kaiser, F.-J./Kaminski, H.: Methodik des Ökonomieunterrichts, Grundlagen eines handlungsorientierten Lernkonzepts mit Beispielen, 3. Aufl., Bad Heilbrunn/Obb. 1999.
Kaminski, H./Reuter-Kaminski, O.: Die Einführung von Schülern in aktive Lehrverfahren des Arbeitslehreunterrichts mithilfe von Bildsymbolen, in: arbeiten+lernen – Die Arbeitslehre, Heft 45; Seelze 1986, S. 17 ff.
Lenk, H. (Hrsg.): Handlungstheorien interdisziplinär, Bde. 1-5, München 1977-1984.
Steinmann/Weber (Hrsg.): Handlungsorientierte Methoden in der Ökonomie, Neusäß 1995.
Themenheft „Methoden lernen“, arbeiten+lernen/Wirtschaft, H. 5/1992, Seelze; insbesondere die folgenden Beiträge:
Pres, U. (1992): Wie Schüler ihr eigenes Lernen sehen, S. 17 ff.
Leisenheimer, G. (1992): Schüler entwickeln eigene Tafelbilder, S. 20 ff.
Hepp, K.-H./Ott, B. (1992): Zeichnen und Darstellen, S. 23 ff.
Klippert, H. (1992): Dem Lernen auf der Spur, S. 26 ff.
Klippert, H. (1992): Lernziel Selbstständigkeit, S. 10 ff.
Blanke, U. (1992): Die Kunst des Fragens, S. 32 ff.
Weber, B. (1992): Vom Rohmaterial zur Tabelle, S. 39 ff.
Werres, W.: Meta-Unterricht: Ein Programm für die Erneuerung von Schule und Unterricht, in: Ders. (Hrsg.): Innovationsmodelle für Schule und Unterricht, Kastellaun 1976, S. 75 ff.

2.4 Einige Aktionsformen des handlungsorientierten Wirtschaftsunterrichts

Nachfolgend werden kurz einige Hinweise zu verschiedenen Aktionsformen gegeben.

Für jede Aktionsform wird ein idealtypischer Phasenablauf skizziert um dem Lehrenden einen ersten kurzen Überblick zu erleichtern, aber nicht, um auf diese Weise eine gründliche Auseinandersetzung mit den inhaltlichen und methodischen Aspekten der Aktionsform zu ersetzen. Die Leserin und der Leser seien deshalb verwiesen auf weiterführende Literatur in Kaiser/Kaminski (1997).

Das Referat

Durch die Erstellung eines Referates sollen die Schülerinnen und Schüler sich selbstständig mit Themen auseinandersetzen, sich selbst Material besorgen und auswerten und einen zielgruppengerechten Vortrag vorbereiten.
Das Referat ist in der Regel eine Einzelarbeit, in der erlernte Arbeitstechniken eingesetzt werden. Das betrifft die Lesetechnik: markieren, strukturieren, nachschlagen, gliedern und ordnen; sowie die Referatsgestaltung: visualisieren und darstellen. Außerdem wird die Beherrschung von Gesprächstechniken gefordert, wie freie Rede, Rhetorik, Fragetechnik und Präsentationstechniken.

Bei der Erstellung eines Referates kann je nach Altersstufe in der Aufgabenstellung unterschiedlich vorgegangen werden. Der Lehrer kann Material und Texte vorgeben oder eigenständig suchen lassen. Das Referatthema kann vorgegeben werden oder die Schüler schlagen selbst Referatthemen vor. Unterschiede kann es auch bei der Zeitvorgabe geben.
Auch die Zielgruppe, vor der das Referat gehalten werden soll, ist wichtig. Handelt es sich um eine bekannte oder unbekannte Gruppe? Werden Experten bei der Referatpräsentation mit einbezogen?

Das Strukturieren und Auswählen des Materials und der Literatur ist der erste wichtige Schritt. Das Erstellen einer Gliederung muss mit den Schülern vorher geübt werden. Gestaltung mit Folien oder Powerpoint wird auch bei anderen Methoden eingeübt, wie z. B. Wandzeitung. Das Halten des Referates ist ein wichtiger Punkt: Es soll bei der Zielgruppe ankommen; dazu ist es wichtig, möglichst frei zu sprechen, das Referat durch Grafiken, Fotos u.s.w. aufzulockern und verständlich zu machen, und dem Zuhörer z. B. durch eine Gliederung einen Leitfaden zu geben.
Wichtig ist auch die Auswertung des Referates mit der Zielgruppe oder dem Lehrer. Hilfreich kann es auch sein, Videoaufzeichnungen von einem Referat zu machen und diese zur Auswertung zu nutzen.

Literatur

Klippert H.: Lernziel Selbständigkeit, in: arbeiten und lernen/Wirtschaft Heft 5, Seelze 1992, S. 10 ff.
Leither S.: (1991): So lernt man lernen, 16. Auflage Freiburg u. a. 1991

Das Projekt

Das Wort Projekt geht auf das lateinische Wort proicere zurück und wird im heutigen Sprachgebrauch im Sinne von „planen, vorauswerfen, entwerfen“ verwendet. Damit wird gleichzeitig vom Begriff her die praktische Verwirklichung des Planes mitgedacht. Der Begriff „Projekt“ ist nicht auf den pädagogischen Bereich beschränkt, sondern findet in Wirtschaft, Verwaltung und Forschung eine eigenständige Verwendung: Bauprojekt, Forschungsprojekt, Ausbildungsprojekt usw.

Insgesamt wird jedoch unter dem Projekt eine Unterrichtsform verstanden, bei der von einem zunehmend gleichberechtigten Rollenverständnis von Lehrenden und Lernenden ausgegangen wird und die Projektgruppe im Sinne einer gemeinsamen Zielsetzung ihre Lern- und Arbeitsschritte gemeinsam plant, durchführt und reflektiert.

Projektskizze und *Projektplan*: Wenn die Forderung der Schülerinnen und Schüler nach Mitplanung, Mitentscheidung und Mitbestimmung realisiert werden soll und im Planungs- und Realisierungsprozess des Projektes Freiräume für die Kreativität und Eigeninitiative der Schülerinnen und Schüler gegeben sein sollen, so kann die Vorbereitung der Lehrkraft oder eines Planungsteams nicht in der Weise geschehen, wie es traditionellerweise für die Planung des Unterrichts geschieht. Die Vorplanung der Lehrkraft oder des Planungsteams kann ihren Niederschlag allenfalls in einer Projektskizze finden. Bereits die Projektskizze sollte, wo immer möglich, von Lehrenden und Lernenden gemeinsam entwickelt werden.

Die Projektskizze umreißt in wenigen Strichen, was getan werden sollte bzw. könnte. Sie grenzt ein, setzt Schwerpunkte, gibt die Richtung an und zeigt Alternativen auf. Die Projektskizze kann notgedrungen noch nicht alle Tätigkeiten beschreiben, die ausgeführt werden sollen. Die Projektskizze ist eine Vorstufe zu dem späteren Projektplan, der mit der Klasse gemeinsam ausgearbeitet wird. Wenn die Projektskizze mit der Klasse durchgearbeitet worden ist, wird die Klasse nicht gleich beginnen, sondern zuerst einen ausführlichen Plan ausarbeiten. Von entscheidender Bedeutung ist, wie dieser Projektplan zustande kommt. Die Projektteilnehmer müssen ihre Betätigungswünsche äußern können und die Möglichkeit erhalten, ihre speziellen Fähigkeiten, Fertigkeiten, Vorstellungen und besonderen Begabungen einzubringen. Bei der Aufstellung des Projektplanes muss berücksichtigt werden, wer was besonders gut bewältigen kann und wer was wann tun soll. Es müssen Arbeits- und Zeitpläne aufgestellt werden und es muss darauf geachtet werden, dass die Arbeiten sinnvoll aufgeteilt werden. Darüber hinaus ist besonders wichtig, dass die Projektgruppe sich Klarheit darüber verschafft, warum etwas getan wird.

Phasenablauf des Projekts
Charakteristisch für die Projektarbeit ist die Planung in Projektablaufphasen. Der vorgeschlagene Ablauf folgt in vier Stufen der Projektarbeit, die in der Literatur über Projekte üblicherweise genannt werden (vgl. *Kaiser/Kaiser* 1977):

1. Zielsetzung
2. Planung
3. Ausführung
4. Beurteilung bzw. Kontrolle

Es hat sich bewährt, zunächst die einzelnen Phasen klar voneinander zu trennen. Damit können sich die Projektmitglieder jederzeit eine Übersicht verschaffen, in welcher Phase der Projektarbeit sie sich befinden und darüber, welcher Arbeits-, Zeit- und Geldaufwand möglich ist, um eine Entscheidung über die Fortführung des Projekts im Hinblick auf die Risiken und Konsequenzen, die mit der weiteren Arbeit verbunden sind, treffen zu können.

Verlaufsstruktur für die Durchführung

(1) Zielsetzung – Lehrkraft sowie Schülerinnen und Schüler setzen sich gemeinsam Ziele.
An der Auswahl der Projekte und der festzusetzenden Ziele, die mit dem jeweiligen Projekt realisiert werden sollen, sollten die Lernenden nach Möglichkeit von Anfang an beteiligt werden. Das schließt nicht aus, dass die/der Lehrende in einer Vorlaufphase sich erste Gedanken über mögliche und sinnvolle Projekte macht und in einer Grobskizze ihre/seine ersten Gedanken zu dem Projekt skizziert.

Anhand dieser vorläufigen Projektskizze, die auch Alternativangebote enthalten sollte, sollten mit den Schülerinnen und Schülern gemeinsam die mit der Projektarbeit verbundenen Ziele ermittelt und diskutiert werden. Dabei sollte jeder Projektteilnehmer seine Absichten begründet darstellen. Insgesamt sollten die Vorstellungen in einem Zielsystem gebündelt und in Zielelemente, Zielbeziehungen und mögliche Zielkonflikte ausdifferenziert werden. Dazu gehört auch eine Überprüfung der Einzelforderungen der Projektteilnehmer auf ihren Sinn und Zweck sowie die Integration der Wünsche und Vorstellungen der Einzelnen in ein Gesamtzielkonzept.

(2) Planung – Lehrkraft sowie Schülerinnen und Schüler erstellen einen Verlaufsplan für die Projektarbeit.
Auf der Basis der Projektzielbeschreibung wird die Projektskizze ausgefeilt und der Projektplan erstellt. Wenn die Projektteilnehmer befähigt werden sollen, die Projektarbeit mitzuplanen, dann muss die/der Lehrende bzw. die Projektleitung in der Lage sein, den Lernenden entsprechende Planungshilfen zur Verfügung zu stellen. Solche Planungshilfen könnten sein:
- festlegen, welche Ziele mit dem Projekt verfolgt werden,
- zusammenstellen, welche Informationen, Hilfen usw. benötigt werden, um das Projekt zu realisieren,
- anhand einer Checkliste zusammenstellen, woher man Informationen und Hilfen für die Projektarbeit bekommt,
- beraten, welche Lehrkraft und Experten bei der Projektarbeit Hilfe geben könnten,
- überlegen, wer angeschrieben werden muss und welche Erkundungsaufträge durchgeführt werden müssen,
- festlegen, wer die benötigten Informationen, Materialien und Hilfen anfordert bzw. beschafft,
- zusammenstellen, welche Geräte, Handwerkszeug, Materialien, Formulare und Unterlagen für die Arbeit benötigt werden,
- Kriterien festlegen um das Ergebnis und die Projektarbeit zu beurteilen,
- überlegen, wie die Projektergebnisse anderen vorgestellt werden können.

Darüber hinaus muss zusammengestellt werden, welche Grundfertigkeiten die Projektteilnehmer beherrschen müssen, damit die Projektarbeit erfolgreich durchgeführt werden kann.

Solche **Grundfertigkeiten** können z. B. sein:
- einfache Planungstechniken für Zeit- und Arbeitsabläufe beherrschen,
- einen Aufgabenkatalog erstellen können,
- Möglichkeiten der allgemeinen Informationsbeschaffung (Lexika, Gesetze etc.) und der technischen Informationsbeschaffung (Telefon, Internet etc.) nutzen können,
- Informationen im Gespräch erfragen und ein Gesprächsprotokoll anfertigen können,
- Techniken der schriftlichen Informationsbeschaffung nutzen können (z. B. eine Anfrage schreiben können),
- Informationen auf ihren Nutzen im Hinblick auf das Projektziel beurteilen können,
- Sach-, Personal- und Beschaffungskosten ermitteln können,
- Dokumentationsverfahren anwenden können.

(3) Durchführung – Die Arbeiten werden gemeinsam oder in Gruppen arbeitsteilig erledigt.
Auf der Basis des detailliert ausgearbeiteten Projektplans erfolgt dann die tatsächliche Ausführung. Die in der Planungsphase getroffenen Entscheidungen sind damit ausschlaggebend für den weiteren Verlauf des Projekts. Während der Projektarbeit kann sich ergeben, dass der Projektplan abgeändert werden muss, Ziele revidiert werden müssen oder bestimmte Vorstellungen sich nicht realisieren lassen.

Daran wird deutlich, dass jedes Projekt im konkreten Vollzug in Abweichung von der Projektskizze modifiziert werden bzw. eine andere Ausformung erhalten kann als es in der Projektskizze fixiert war. Zugleich wird deutlich, dass während der Projektarbeit die Projektleitung immer wieder Phasen einschieben muss, in denen mit der Gruppe der Stand der Projektarbeit überprüft wird, um zu diskutieren und notfalls den Zeit- und Arbeitsplan zu revidieren.

(4) Beurteilung bzw. Kontrolle – Die gemachten Erfahrungen werden ausgewertet und das Ergebnis gemeinsam bewertet und beurteilt.
Der Schwerpunkt dieser Phase liegt in der Bewertung der Ergebnisse der Projektarbeit. Dabei gilt es zu überprüfen, inwieweit es gelungen ist, die Projektarbeit erfolg-

reich auszuführen, wo Probleme aufgetaucht sind, wo die Gründe für diese Probleme lagen und welche Konsequenzen daraus für weitere Projektarbeiten gezogen werden können. Im Einzelnen können beispielsweise untersucht werden:
- Wurden die angestrebten Ziele erreicht?
- Sind wir mit unserem Projektergebnis zufrieden?
- Wurden die notwendigen Arbeits- und Planungstechniken genügend beherrscht?
- Welcher Art waren die aufgetretenen Schwierigkeiten in der Planungsphase und in der Durchführungsphase?
- Sind diese Schwierigkeiten lösbar; wenn nicht, warum?
- Welche Konsequenzen lassen sich aus der Projektarbeit für die weitere Arbeit ziehen?

Literatur

Bossing, N. E.: Die Projekt-Methode, in: Geißler, G. (Hrsg.): Das Problem der Unterrichtsmethode in der pädagogischen Bewegung, Weinheim/Berlin/Basel 1970, S. 123 ff.

Duncker, L./Götz, B.: Projektunterricht als Beitrag zur inneren Schulreform – Begründungen, Erfahrungen. Vorschläge für die Durchführung von Projektwochen, Langenau-Ulm 1984.

Frey, K.: Die Projektmethode, Weinheim/Basel 2002.

Heller, A./Semmerling, R. (Hrsg.): Das ProWO-Buch: leben, lernen, arbeiten in Projekten und Projektwochen, 2. Aufl., Frankfurt a. M. 1982.

Kaiser, A./Kaiser, F.-J. (Hrsg.): Projektstudium und Projektarbeit in der Schule, Bad Heilbrunn/Obb. 1977.

Kaminski, H./Reuter-Kaminski, O.: Die Einführung von Schülern in aktive Lernverfahren des Arbeitslehreunterrichts mithilfe von Bildsymbolen, in: arbeiten + lernen – Die Arbeitslehre Heft 45, Seelze 1986, S. 17 ff.

Kilpatrick, W. H.: Die Projekt-Methode. Die Anwendung des zweckvollen Handelns im pädagogischen Prozess, in : Dewey, J./Kilpatrick, W. H.: Der Projekt-Plan. Grundlegung und Praxis, Weimar 1935, S. 161 ff.

Die Erkundung

Die Erkundung lässt sich als ein Unterrichtsverfahren bezeichnen, mit dem durch Beobachtung und Befragung Einblicke in einen ausgewählten und begrenzten Praxisbereich gewonnen werden können. Die Erkundung erfolgt in den Phasen **Vorbereitung, Durchführung** und **Auswertung**, wobei sich diese Phasen selbst noch einmal in einzelne Schritte untergliedern. So liegt beispielsweise vor der eigentlichen Vorbereitungsphase der Erkundung, die die Vorbereitung der Lernenden auf den Praxisbereich umfasst, eine Planungs- und Orientierungsphase der Lehrkraft, in der die Zielsetzung der Erkundung, die Koordination der Lernzielplanung mit den spezifischen Gegebenheiten des Erkundungsbereichs und die Weiterführung des Unterrichts sowohl im Hinblick auf die Auswertung der Erkundung als auch auf die inhaltliche und thematische Weiterführung erfolgt. Die folgende Checkliste zur Vorbereitung, Durchführung und Auswertung einer Erkundung (vgl. *Behrens* 1980, S. 18) ist als Maximalkatalog anpassungsbedürftig an die jeweils spezifischen Bedingungen der jeweiligen Erkundung.

Checkliste für die Vorbereitung, Durchführung und Auswertung einer Erkundung im Berufsinformationszentrum:

Verlaufsstruktur für die Durchführung

(1) Vorbereitung

Unterrichtliche Vorbereitung:
- Ziele der Erkundung festlegen,
- Sachinformationen zur Agentur für Arbeit und dem BIZ, zu den regionalen und lokalen wirtschaftlichen Begegnungen,
- Beobachtungs- und Befragungsschwerpunkte festlegen,
- methodische und inhaltliche Überlegungen zum Thema, in das die Erkundung eingebettet ist, anstellen,
- Informationen zum BIZ einholen,
- Erkundungsunterlagen entwickeln (Fragebogen, Beobachtungsleitfaden),

- Beobachtungs- und Befragungstechniken üben,
- organisatorisch-technische Absprachen; Verhalten im BIZ klären.

Organisatorische Vorbereitung:
- Rechts- und Versicherungsfragen abklären,
- Schulleitung informieren; notwendige Genehmigungen einholen,
- Vertretung regeln,
- Arbeitsmittel bereitstellen,
- Kostenfragen (Fahrt- und Verpflegungskosten) regeln,
- Vorabsprachen mit der Agentur für Arbeit,
- Kontaktaufnahme mit dem BIZ,
- Vorerkunden des BIZ,
- Absprachen für die Erkundung: Erkundungsschwerpunkte (Ablauf der Erkundung, Zeitplan, Organisation, Auswahl der Erkundungsbereiche, Betreuung, Fotografieren, Interviews).

(2) Durchführung
- Begrüßung,
- Einweisung der Gruppen,
- Erkundungsaufgaben durchführen,
- Abschlussgespräch (Sach- und Verständnisfragen; Fragen, die durch Beobachtung nicht geklärt werden konnten),
- abschließende Absprachen (evtl. weitere Erkundungen, Betriebsangehörige als Experten im Unterricht).

(3) Auswertung
- Zusammenstellen der Erkundungsergebnisse,
- systematische Auswertung der Erkundungsergebnisse,
- Präsentation der Erkundungsergebnisse,
- Einordnung der Erkundungsergebnisse in den bisherigen Unterricht und Fortführung des Unterrichtsthemas.

Literatur

Behrens, G.: Erkundung, in: arbeiten + lernen, Heft 10-10a, Seelze 1980, S. 17 ff.
Hübner, M.: Umwelterziehung im Rahmen der ökonomischen Bildung in allgemeinbildenden Schulen, Oldenburg 1993.
Kaiser, F.-J./Kaminski, H.: Methodik des Ökonomieunterrichts, 3. Aufl., Bad Heilbrunn/Obb. 1999.
Neugebauer, W.: Die Betriebserkundung als ein Unterrichtsverfahren der Wirtschafts- und Arbeitslehre, in: Neugebauer, W. (Hrsg.): Fachdidaktisches Studium in der Lehrerbildung, Wirtschaft 2. Curriculumentwicklung für Wirtschafts- und Arbeitslehre, München 1977, S. 220 ff.
Steinmann, B.: Erkundungen ökonomischer Realität, Essen 1982.

Die Expertenbefragung

Im Hinblick auf die Behandlung wirtschaftlicher Probleme und die Bewältigung von Aufgaben des Arbeits- und Wirtschaftslebens gewinnt Expertenwissen zunehmend an Bedeutung. Damit sind Befragungen und Interviews ein wesentliches Element der Informationsbeschaffung. In diesem Zusammenhang spielt die Expertenbefragung eine besondere Rolle. Zunächst können unter dem Begriff Expertenbefragung alle Formen von Informationsprozessen zusammengefasst werden, in denen Fachleute aus der Wirtschaftswelt Schülerinnen und Schülern Auskünfte erteilen. Grundsätzlich können Expertenbefragungen nach dem Ort unterschieden werden, an dem sie stattfinden.

a) Die Expertenbefragung findet am Wirkungsort des Experten statt, im Rahmen einer **Erkundung** außerhalb der Schule. Diese Expertenbefragung wird dann auch im Rahmen der Erkundung vorbereitet.

b) Von einer Expertenbefragung im engeren Sinne spricht man dann, wenn Experten **in die Schule** eingeladen werden.

Unabhängig vom Ort der Expertenbefragung können ihr drei didaktische Funktionen zugesprochen werden (vgl. *Wolf* 1980, S. 270):
- Sie liefert den Schülerinnen und Schülern besonders sachkundige Informationen.
- Sie verstärkt durch die Informationen der Fachleute das Interesse der Schülerinnen und Schüler am Unterrichtsstoff.
- Sie bietet den Schülerinnen und Schülern die Möglichkeit Rückfragen zu stellen, um Erklärungen zu bitten und so ein sachgerechtes Informationsverhalten zu trainieren.

Bei Expertenbefragungen lassen sich das **strukturierte**, das **teilstrukturierte** und das **unstrukturierte** Interview als drei grundlegende Formen der Interviewtechnik unterscheiden.

Beim **strukturierten Interview** werden die Fragen, die den Experten gestellt werden sollen, vorab in ihrer Reihenfolge und Formulierung festgelegt. Bei dieser Vorgehensweise kann das Interview zwar planmäßig ablaufen, eine Vertiefung oder Ausweitung der Diskussion ist allerdings kaum möglich.

Wichtige Inhalte und die Reihenfolge der Fragen werden beim **teilstrukturierten Interview** beispielsweise in Form eines Leitfadens festgelegt. Auf diese Weise sind die Anwendungs- und Umsetzungsmöglichkeiten flexibel gehalten und können der jeweiligen Situation entsprechend hinsichtlich der Themenabfolge und der endgültigen Formulierung eingebracht werden.

Beim **unstrukturierten Interview** wird nur noch das Ziel der Befragung festgelegt. Die Reihenfolge der Problemkreise und die Einzelfragen bleiben offen. Dadurch kann es zu vertiefenden Diskussionen kommen, die zusätzliche Informationen liefern. Es besteht jedoch die Gefahr, dass sich Abweichungen zur ursprünglichen Zielsetzung ergeben (vgl. *Frackmann* 1980, S. 34).

Welche Interviewform eingesetzt wird, ist abhängig von der Erfahrung der Lernenden mit dieser Methode, dem Inhalt und der Intention der Expertenbefragung und letztlich von den Experten selbst.

Literatur

Frackmann, M.: Experten Interview, in: arbeiten + lernen/Die Arbeitslehre, Heft 10-10a, Seelze 1980, S. 34 f.

Klippert, H.: Lernziel Selbstständigkeit, in: arbeiten + lernen/Wirtschaft, Heft 5, Seelze 1992, S. 10 ff.

Leisenheimer, G.: Schüler entwickeln eigene Tafelbilder, in: arbeiten + lernen/Wirtschaft, Heft 5, Seelze 1992, S. 20 ff.

Wolf, H.-U.: Die Expertenbefragung im Wirtschaftslehreunterricht der Hauptschule, in: Lehren und Lernen, H. 6/1980, S. 40 ff.

Wolf, H.-U.: Der Betriebsrat als „Experte" im Unterricht, in: arbeiten + lernen/Wirtschaft, Heft 3, Seelze 1991, S. 46 ff.

Das Experiment

Experimente in der Technik dienen der Erkenntnisgewinnung sowie dem optimalen Gestalten technischer Produkte und Verfahren. Sie sollen helfen, noch unbekannte Zusammenhänge und Eigenschaften zu ermitteln.

Das technische Experiment ist eine wichtige Methode des Unterrichts zur Behandlung technischer Sachverhalte. Mit dieser Methode werden technische Gegenstände oder Verfahren mit dem Ziel untersucht, ihre Be- und Verarbeitungseigenschaften sowie ihre Gebrauchseigenschaften zu ermitteln, d. h. ob sie sich für einen beabsichtigten technischen Zweck eignen. Technische Experimente sind daher vor allem final orientiert. Hierin unterscheiden sie sich von naturwissenschaftlichen Experimenten, deren Fragestellungen in der Regel kausal orientiert sind.

Mit technischen Experimenten gewinnen die Schüler technische und technologische Teilerkenntnisse, die für das Erfassen komplexerer Funktionszusammenhänge notwendig sind.

Die experimentelle Tätigkeit der Schüler im Unterricht fördert die praxis- und handlungsorientierte Auseinandersetzung mit den Lerninhalten. Sie gewinnen Erkenntnisse und Einsichten durch eigenes selbstständiges Handeln in enger Wechselwirkung von theoretischer Erkenntniserschließung und praktischem Handeln.

Die experimentelle Tätigkeit dient auch der Realisierung prozessbezogener Lernziele wie Zielstrebigkeit, Konzentrationsfähigkeit, Ausdauer bei der Realisierung der experimentellen Zielstellung, exaktes Beobachten und Messen, Analysieren und Bewerten von Untersuchungsergebnissen.

Zugleich werden soziale Verhaltenweisen wie Teamfähigkeit, Kooperations- und Kommunikationsfähigkeit gefördert.

Im Unterricht sollten technische Experimente nicht isoliert, sondern immer im Rahmen einer realitätsbezogenen komplexen Aufgabenstellung (z. B. Fertigung eines bestimmten Produktes) durchgeführt werden. So z. B. wenn die Schüler erkennen, dass ihre Kenntnisse zu den Werkstoffeigenschaften nicht ausreichen, um sicher einen Werkstoff für die Fertigungsaufgabe auszuwählen. In der Diskussion kann dann zielgerichtet auf die Notwendigkeit der experimentellen Untersuchung geeignet erscheinender Werkstoffe hingeführt werden.

Verlaufsstruktur für die Durchführung

1. Problemstellung
2. Vermutungsentwicklung (Hypothesebildung)
3. Planung des Experiments
4. Durchführung des Experiments
5. Auswertung

Um Experimente im Unterricht zielgerichtet für die Erkenntnisgewinnung zu nutzen, ist es sinnvoll, diese Verlaufsstruktur unabhängig von der Zielstellung und dem Inhalt des Experiments einzuhalten.

Problemstellung
Sie dient der Motivation der Schüler für die Durchführung des Experiments. Zugleich erfolgt die Eingliederung der experimentellen Arbeit in einen größeren Lernzusammenhang. Es wird den Schülern der Nutzen und die Anwendungsmöglichkeit der experimentell zu gewinnenden Erkenntnisse bewusst gemacht.

Ausgangspunkt sollte immer eine aus dem Unterricht sich ergebende Problemstellung sein, die am sinnvollsten durch ein Experiment geklärt werden kann.

Vermutungsentwicklung
In der Literatur wird meist von einer Hypothesenbildung gesprochen. Da es im Unterricht kaum möglich sein wird, Hypothesen im wissenschaftlichen Sinne aufzustellen, spricht man wohl besser von Vermutungsentwicklung.

Auf der Grundlage vorhandener Erfahrungen und Erkenntnisse werden über das zu erwartende Ergebnis Vermutungen aufgestellt, noch bestehende Widersprüche formuliert. Die Schüler aktivieren zielgerichtet ihr zu der untersuchenden Problematik vorhandenes Wissen und Können.

Planung des Experiments
Die Schüler erarbeiten den Lösungsweg für die Versuchsdurchführung. Sie bestimmen die konstant zu haltenden und die zu variierenden Parameter. Sie bestimmen die für die Versuchsdurchführung notwendigen Geräte und Arbeitsmittel und konzipieren den Versuchsaufbau.

Es werden Überlegungen angestellt, wie mit rationellem Aufwand optimale Ergebnisse (Erkenntnisse) zu gewinnen sind, auf welche Faktoren der Untersuchung man sich konzentrieren muss, wie das Gesamtsystem der Untersuchungsbedingungen im Hinblick auf das angestrebte Ergebnis konstant gehalten werden kann und in welcher Reihenfolge die einzelnen Variablen zu verändern sind.
Es wird ein Versuchsprotokoll erarbeitet, in dem die beobachteten bzw. gemessenen Ergebnisse eingetragen werden können.

Es ist festzulegen, ob alle Schüler das gleiche Experiment durchführen oder Schülergruppen auf Stationsbasis unterschiedliche Untersuchungen vornehmen.

Durchführung des Experiments
Die Schüler bauen zunächst die Experimentieranordnung auf und überprüfen, ob dieser Versuchsaufbau gewährleistet, dass die geplanten Ziele erreicht werden.

Es wird festgelegt, wer welche Beobachtungen und Messungen durchführt und sie in das Versuchsprotokoll einträgt.

Das Experiment wird entsprechend der Planung durchgeführt. Die Untersuchungsbedingungen werden auf der Grundlage der zu variierenden Parameter systematisch verändert und kontrolliert. Die Daten werden im Protokoll schriftlich festgehalten.

Auswertung
Die im Experiment gewonnenen Einzeldaten werden zusammengefasst und unter der Sicht der Ausgangsproblemstellung ausgewertet. Des Ergebnis wird mit dem vermutetem Ergebnis verglichen. Es wird bestätigt bzw. widerlegt.

Die im Rahmen des Experiments gewonnenen Erkenntnisse werden formuliert und Schlussfolgerungen für die weitere Realisierung der Arbeitsaufgabe gezogen.

Es erfolgt eine kritische Wertung des Versuchsaufbaus und des Ablaufs des Experiments. Die Schüler vergleichen Aufwand und Ergebnis und leiten Schlussfolgerungen für die zukünftige Gestaltung von Experimenten ab.

Literatur

Henseler, K./Höpken, G.: Methodik des Technikunterrichts. Bad Heilbrunn 1996
Schmayl, W./Wilkening, F.: Technikunterricht. 2. Auflage, Bad Heilbrunn 1995
Schmayl, W.: Das Experiment im Technikunterricht – methodologische und didaktische Studien zur Grundlegung einer Unterrichtsmethode. Bad Salzdetfurth 1981
Wilkenig, F.: Unterrichtsverfahren im Lernbereich Arbeit und Technik. Villingen-Schwenningen 1994

I Konsumentensouveränität - Verkaufsstrategien

Didaktische Konzeption

In diesem Kapitel geht es um die Rolle der Verbraucherinnen und Verbraucher im Wirtschaftsgeschehen. Anknüpfend an ihre Alltagserfahrungen lernen die Schülerinnen und Schüler, warum sie als Konsumentinnen und Konsumenten für Unternehmen interessant sind und wie Verbraucherverhalten beeinflusst werden kann. Sie erfahren, wie sie ihre Ausgaben planen können. Die Schülerinnen und Schüler werden in diesem Kapitel in die Entwicklung eines Referates als methodisches Verfahren eingeführt. Des Weiteren lernen sie das Beurteilen und Lösen von Problemen am Beispiel „Kauf von Gebrauchsgütern" kennen.

Literatur

Stiftung Verbraucherinstitut (Hrsg.): Verbraucherbildung in der Schule, Berlin 1993 Themenheft Verbraucher, arbeiten + lernen/Wirtschaft 2/1990

Hübner, M. u. a.: Konsum und Ökologie - Verpackung und Abfall: Unterrichtsmodell für die Sekundarstufe I, Oldenburg 1991

Hartmann, J., Neudeck, R.: Gehört der Grüne Punkt auf den Müll? In: arbeiten und lernen, Heft 15, 1994, S. 36ff.

Lösungsvorschläge zu den Aufgaben

Seite 9

Aufgabe 1

Die Erfindung des Automobils löste u.a. folgende weitere Bedürfnisse und Wünsche aus: Straßennetz, Autobahnen, Tankstellennetz, Raffinerien, Auto- und Zulieferindustrie, Reparaturwerkstätten, Vertragshändler, Kfz-Zubehörhandel, Kfz-Versicherungen, Autowaschanlagen, Taxiunternehmen, Motels, Raststätten, Autoclubs, Parkplätze, Parkhäuser, Verkehrsüberwachung, Straßenverkehrsordnung, Verkehrssünderkartei, ...

Aufgabe 2

Beispiele für die Befriedigung des Bedürfnisses nach Licht und Wärme könnten sein:
- nach Licht: Leuchtfeuer, Kerzen, Petroleumlampen, Gaslicht, elektrisches Licht (Glühbirnen, Neonleuchten, Strahler, Scheinwerfer);
- nach Wärme: offene Feuerstelle, Öfen mit Holz-, Torf-, Brikett-, Kohlefeuerung, Öl-, Gas-, Elektroheizungen, Fernwärme, Wärmepumpen, ...

Aufgabe 3

Schüler können die Beispiele für unterschiedliche Bedürfnisbefriedigung in Tabellenform sammeln.

Arbeitsblatt: Gründe für die unterschiedliche Bedürfnisbefriedigung (Seite 25)
Lösungsblatt: Gründe für die unterschiedliche Bedürfnisbefriedigung (Seite 26)

Seite 11

Aufgabe 1

Individuelle Lösung.
Für 20,– Euro, die noch zur Verfügung stehen, würde der Bergsteiger wahrscheinlich etwas trinken und sich eine Bahnfahrkarte nach Hause kaufen.
Zeitung, Ansichtskarte, Geschenke und etwas zu essen sind entbehrlicher.

Aufgabe 2

Individuelle Lösung.

Aufgabe 3

Maximalprinzip: Es steht ein fester Betrag, z.B. 150,– Euro zur Verfügung. Dafür wird bei allen Anbietern von Kickboards geschaut, welches Produkt die beste Ausstattung und Qualität für 150,– Euro hat.

Minimalprinzip: Man hat sich für ein bestimmtes Produkt entschieden und sucht in Medien wie Zeitung, Radio, Fernsehen oder Internet. Es wird das günstigste Angebot eingeholt, um das Kickboard zu kaufen.

Arbeitsblatt: Ökonomisches Prinzip (Seite 27)

Seite 12 Aufgabe 1	Das ökonomische Prinzip besteht aus Minimal- und Maximalprinzip. Das Minimalprinzip ist das Prinzip der Auswahl von Maßnahmen danach, welche einen festgelegten Nutzen mit möglichst geringen Kosten bzw. Aufwand erreicht. Das Maximalprinzip ist das Prinzip der Auswahl von Maßnahmen danach, welche bei gegebenem Aufwand oder Kosten den größten Nutzen erreicht.
Aufgabe 2	Das am meisten ökonomische Verkehrsmittel ist das Flugzeug.
Aufgabe 3	Der Bus ist nach dem Schaubild ökologischer als alle anderen Verkehrsmittel. Noch ökologischer ist allerdings das Fahrrad, wenn auch nicht für weite Entfernungen geeignet.
Aufgabe 4	Viele Menschen sind sehr bequem, fahren sogar mit dem Auto zum nächsten Bäcker. Einen wichtigen Aspekt stellt die Zeit dar, die man sparen will.
Seite 14 Aufgabe 1	Individuelle Lösungen
Aufgabe 2	Es trifft zu, dass bei den Privatsendern die Programmauswahl ausschließlich von der Einschaltquote abhängt und die Qualität einer Sendung sekundär ist. Sendungen, die beim Publikum nicht „ziehen“, werden rigoros abgesetzt. Je höher die Einschaltquote, desto mehr Unternehmen sind an Werbung bei diesem Sender interessiert, der wiederum die Preise für die Werbung erhöhen kann.
Seite 16 Aufgabe 1	Das Ergebnis der Befragung wird sicherlich bestätigen, dass das, was Herrn Winter passiert ist, kein Einzelfall ist, sondern häufig vorkommt.
Seite 18 Aufgabe 1	Vorteile: z. B. große Auswahl; man spart Zeit, weil vieles unter einem Dach angeboten wird; man kann sich gegenseitig in Ruhe beraten oder beraten lassen; es gibt kostenlose Parkplätze und ausreichend Einkaufswagen.
Aufgabe 2	- Verkaufsstrategien kennen und durchschauen. - Das eigene Einkaufsverhalten kontrollieren. - Erst informieren, dann einkaufen (besonders bei Sonderangeboten!): Preis, Haltbarkeit, Verarbeitung, Umtauschrecht. - Geplant einkaufen, d. h. Einkaufszettel verwenden, nur in wohlüberlegten Ausnahmefällen mehr einkaufen. - Preise vergleichen: Handzettel; im Geschäft; von Waren, die im Regal in Griff- und Sichthöhe angeboten werden, mit solchen in der sog. Bück- oder Reckzone. - Auf Mogelpackungen achten, Mengeninhalte vergleichen, evtl. umrechnen. - Achtung an der Kassenzone bei Süßigkeiten u. a. - Nicht hungrig einkaufen gehen.
Aufgabe 3	Individuelle Lösungen → *Arbeitsblatt: Planskizze vom Supermarkt (Seite 28)* → *Arbeitsblatt: Fragebogen zur Einrichtung eines Supermarktes (Seite 29)* → *Lösungsblatt: Fragebogen zur Einrichtung eines Supermarktes (Seite 30)* → *Arbeitsblatt: Lückentext zum Abschnitt „Käuferfalle Supermarkt“ (Seite 31)* → *Lösungsblatt: Lückentext zum Abschnitt „Käuferfalle Supermarkt“ (Seite 33)* → *Arbeitsblatt: Wir erkunden einen Supermarkt (Seite 35)* → *Arbeitsblatt: Einüben von Kundenbefragungen im Rollenspiel (Seite 36)* → *Arbeitsblatt: Markterkundungsbogen (Seite 37)*
Seite 19 Aufgabe 1	Die Schülerinnen und Schüler sollten ihre Beispiele in einer Tabelle sammeln. → *Arbeitsblatt: Beratungsfälle aus dem täglichen Leben (Seite 39)*

Aufgabe 2

Aktuelle Verbrauchermagazine sind zzt.
- im Fernsehen: Markt im Dritten, Infomarkt - Marktinfo, WISO, Geldbörse, ARD-Ratgeber, PLUSMINUS, Vorsicht Falle, 3 SAT-Geldbörse, Umschau, ZDF-Info Verbraucher, MARKT WDR-Service-Zeit, MUM Menschen und Märkte.
- im Radio: Quintessenz - Fakten für Verbraucher, Klingende Münze.

Aufgabe 3

Dazu gibt das Telefonbuch Auskunft - nicht jedoch die „Gelben Seiten“.

Anschrift der Verbraucherzentrale in Nordrhein-Westfalen:

Verbraucherzentrale Nordrhein-Westfalen e.V.
Mintropstr. 27
40215 Düsseldorf
Tel: 02 11 - 38 09 0
Fax: 02 11 - 38 09 216
URL: http://www.verbraucherzentrale-nrw.de

Im Internet sind die einzelnen Verbraucherberatungsstellen aufgeführt.

Aufgabe 4

Bei dieser Aufgabe handelt es sich um eine Expertenbefragung. Zur Vorbereitung, Durchführung und Auswertung von Expertenbefragungen siehe Seite 128 des Schülerbandes.

Zur Erkundung einer Verbraucherberatungsstelle

Beispiel: Fragenkatalog aus von Schülerinnen und Schülern entwickelten Erkundungsbögen

- Zu welchen Aufgabenbereichen bieten Sie Beratungen an?
- Zu welchen Fällen wird am häufigsten um Rat gefragt?
- Gibt es bei Ihnen auch einen Rechtsanwalt?
- Gibt es bei Ihnen auch Gutachter, die bei Reklamationen helfen?
- Welche Info-Materialien gibt es in der Verbraucherberatungsstelle?
- Kann man sich bei Ihnen Info-Material ausleihen?
- Sind Ihre Beratungen kostenlos oder nehmen Sie dafür Gebühren? Wenn ja, wie viel?
- Geben Sie auch telefonisch Auskunft?
- Können Sie den Leuten fast immer helfen?
- Aus welchen gesellschaftlichen Schichten stammen die Ratsuchenden hauptsächlich?
- Wie viele Leute kommen zu Ihnen (Tag, Woche, Monat, Jahr)?
- Kommen auch einzelne Schüler zu Ihnen um sich beraten zu lassen?
- Kommen häufig Schulklassen zu Ihnen?
- Gehen Sie auch in die Schulen, wenn Sie eingeladen werden?
- Wie wird die Verbraucherberatungsstelle finanziert?
- Wie sind die Berater ausgebildet und welche Spezialisten gibt es?
- Warum machen Sie für sich keine Werbung, z. B. in der Tageszeitung?
- Wie sind Ihre Öffnungszeiten?

Tipp

Zur Erkundung der Verbraucherberatungsstelle gehört selbstverständlich auch ein konkretes Beratungsgespräch. Dazu sollten der Verbraucherberatungsstelle Fälle vorgetragen werden. Solche Fälle könnten z. B. nach den Lösungen des Arbeitsblattes konstruiert werden. Ratsamer wäre es jedoch, Fälle vorzutragen, die die Schülerinnen und Schüler oder deren Familie tatsächlich betreffen: Wer will in Kürze eine größere Anschaffung machen? Wer beabsichtigt, einen Kredit aufzunehmen? Wer hat Schwierigkeiten mit Händlern, Banken oder Versicherungen?

Seite 20
Aufgabe 1

Bei den Geschäftsstellen von Tageszeitungen kann man häufig für etwa eine Woche kostenlos Exemplare anfordern.

Aufgabe 2

Die Anschrift der Stiftung Warentest lautet:
Lützowplatz 11 - 13, 10785 Berlin

Aufgabe 3

Diese Aufgabe kann auch in Gruppenarbeit gelöst werden.

→ *Arbeitsblatt: Preisvergleiche bei Alltagskäufen (Seite 40)*

Seite 24
Aufgaben 1 und 2

Beide Aufgaben können am besten mit Hilfe des Internets gelöst werden.

Seite 25
Aufgabe 1

Beispiele für Verpackungsmaterialien, die durch die Hand der Schülerinnen und Schüler gegangen sein können:
- organische Abfälle, z. B. Schalen von Obst und Gemüse,
- Papier, z. B. eingewickelte Nahrungsmittel wie Brötchen,
- Glas, z. B. Getränkeflaschen,
- Kunststoffe, z. B. Joghurtbecher, Transporttüten,
- Metall, z. B. Getränkedosen, Verschlüsse.

Möglichkeiten der Müllvermeidung:
- Unnötig verpackte Produkte vermeiden, wie Produkte in Plastikfolie oder im Umkarton.
- In Läden kaufen, die Ware offen anbieten.
- Zum Einkaufen immer Korb, Netz oder Tasche mitnehmen.
- Ex-und-hopp-Produkte mit kurzer Lebensdauer meiden.
- Mehrwegflaschen kaufen. Bis zu 60-mal kann eine Pfandflasche wiederbefüllt werden.

Aufgabe 2

Dazu bieten Kommunen unterschiedliche Entsorgungsmöglichkeiten an, z. B.
- Glas-Container, getrennt nach Weiß- und Buntglas,
- Papier/Pappe - Altpapiertonnen-Container,
- Kunststoffe - Gelbe Tonne/Gelber Sack,
- Metalle - spezielle Container für Weißblech und Alu oder Gelber Sack/Gelbe Tonne,
- Organische Abfälle - Grüne Tonne oder Kompost.

Aufgabe 3

Der Handel kann auf viele Transport-, Verkaufs-und Umverpackungen nicht verzichten, ist aber zur Rücknahme und Weiterverwendung verpflichtet. Einige Beispiele für den Sinn und Zweck von Verpackung sind:
- Verpackung schützt die Ware vor Druck, Stoß, Fall, Bruch und Qualitätsverlust, z. B. Eierkartons.
- Sie macht den Transport, die sichere und raumsparende Lagerung und die Verteilung der Ware erst möglich, z. B. Paletten, Folien.
- Verpackung dient der Werbung und Verkaufsförderung, z. B. Präsentkartons.
- Sie dient auch der Information über Firmennamen, Warenbezeichnung. Sie gibt wichtige Hinweise wie Inhaltsangabe, Preis, Menge, Gewicht, Haltbarkeit, Gebrauchsanleitung, z. B. auf Dosenkonserven, Tütenprodukten, Tiefkühlkost.
- Sie dienen dem Verbraucher für den Transport nach Hause, z. B. Schalen, Becher, Beutel.

Seite 26
Aufgabe 1

Stichhaltige Gründe für den Anstieg an Verpackung sind:
(Vertiefung von Seite 25, Punkte 1–4)

- zu 1: Die Zahl der 1-2-Personenhaushalte liegt zurzeit bei ca. 60%. So genannte Singlehaushalte und Kleinfamilien neigen bei Nahrungsmitteln mit begrenzter Haltbarkeit dazu, häufiger Kleinverpackungen zu kaufen, die mehr Verpackungsaufwand erfordern. Häufig fehlt auch die Lagermöglichkeit für Großpackungen.

- zu 2: Ein Produkt muss für sich selbst werben, um sich von anderen Produkten seiner Art zu unterscheiden. Es muss den Verbraucher informieren, weil die Beratung durch das Verkaufspersonal weitgehend entfällt.

- zu 3: Der wöchentliche Großeinkauf zum Wochenende nimmt immer mehr zu. Frischprodukte mit geringer Haltbarkeit sind häufig zu aufwendig in der Beschaffung und Zubereitung. Es fehlen oftmals Kenntnisse in der Nahrungszubereitung, so dass wegen der Bequemlichkeit der Trend zu vorgefertigten, verpackten Nahrungsmitteln immer mehr zunimmt.

- zu 4: Die Zwischenmahlzeit mit Fast-Food-Produkten wird bei Jugendlichen immer beliebter. Gründe liegen in der raschen Verbreitung der internationalen Schnellimbissketten in Groß- und Kleinstädten bedingt durch die zunehmende Kaufkraft der Jugendlichen und ihrem veränderten Konsum- und Freizeitverhalten. Schnelligkeit und Preiswürdigkeit, Abwechslung und die atmosphärischen Besonderheiten sind die Motive der Konsumentengruppe, die die Fast-Food-Ketten besuchen. Um Kosten zu sparen - denn nur so sind Fast-Food-Betriebe rentabel - werden Wegwerfverpackungen eingesetzt. Pro verzehrter Mahlzeit wird bei einem Fast-Food-Produkt nahezu die gleiche Menge Müll erzeugt.

→ *Arbeitsblatt: Verpackungsarten am Beispiel einer Tintenpatrone (Seite 41)*
→ *Lösungsblatt: Verpackungsarten am Beispiel einer Tintenpatrone (Seite 42)*

Aufgabe 2

Zusammenfassung:
Durch das „Duale System" werden die Verbraucher nicht angehalten, umweltschädliche Verpackung zu meiden, da sie ja weiterverwertet wird. Die dabei entstehende Umweltbelastung wird nicht wahrgenommen.
Der Verbraucher muss das „Duale System" beim Kauf der verpackten Produkte mit bezahlen.
Das umweltfreundliche Mehrwegsystem wird zu wenig gefördert.

Seite 27
Aufgabe 1

Reste in Spraydosen, Lösungsmittel und Lacke müssen zur Problemstoff-Annahmestelle, zum Schadstoffmobil o. Ä. gebracht werden. Auskunft über den Standort erteilt das Umweltamt des Landkreises oder der Stadt.

Aufgaben 2, 3 und 4

Individuelle Lösungen

→ *Arbeitsblatt: Der Lebenslauf eines Saftkartons (Seite 43)*
→ *Lösungsblatt: Der Lebenslauf eines Saftkartons (Seite 44)*

Aufgabe 5

Beispiele:
- Zahnpasta ohne Umverpackung,
- Waschmittel als Nachfüllpackung,
- Flüssigseifen mit Nachfüllpackungen,
- Kosmetika und Pflegeprodukte.

Arbeitsblatt: Konsumentensouveränität – Verkaufsstrategien

Gründe für die unterschiedliche Bedürfnisbefriedigung

(Hinweis: Die aufgeführten Punkte sind Beispiele und können nicht verallgemeinert werden.)

Leben in	**wärmeren Regionen**	**kälteren Regionen**
Leben in	**europäischem Kulturkreis**	**anderem Kulturkreis**

Lösungsblatt: Konsumentensouveränität – Verkaufstrategien

Gründe für die unterschiedliche Bedürfnisbefriedigung

(Hinweis: Die aufgeführten Punkte sind Beispiele und können nicht verallgemeinert werden.)

Leben in	wärmeren Regionen	kälteren Regionen
	z. B. Wohnen: - in einfachen Hütten - in Häusern mit Klimaanlagen - in Städten mit eng nebeneinander stehenden Häusern und schmalen, schattenspendenden Gassen. - leichte, fettarme Kost - luftige Kleidung	z. B. - Wohnen in Häusern mit Heizung - kräftige, nährstoffreiche Ernährung - warme Kleidung

Leben in	europäischem Kulturkreis	anderem Kulturkreis
	z. B. - modische Kleidung: Frauen tragen kurze Röcke, Hosen, Shorts, Gesicht wird nicht verhüllt, Männer tragen Anzüge, Jeans, Shorts - alle Nahrungsmittel dürfen gegessen werden - Wohnungen, Altersheime - meist Einfamilienhaushalt	z. B. - traditionelle orientalische Kleidung: Frauen tragen Kopftücher, den Tschador, lange Gewänder, Männer tragen Turbane, Fez, lange Gewänder - Verbot, Schweinefleisch zu essen - mehrere Generationen wohnen unter einem Dach

Arbeitsblatt: Ökonomisches Prinzip

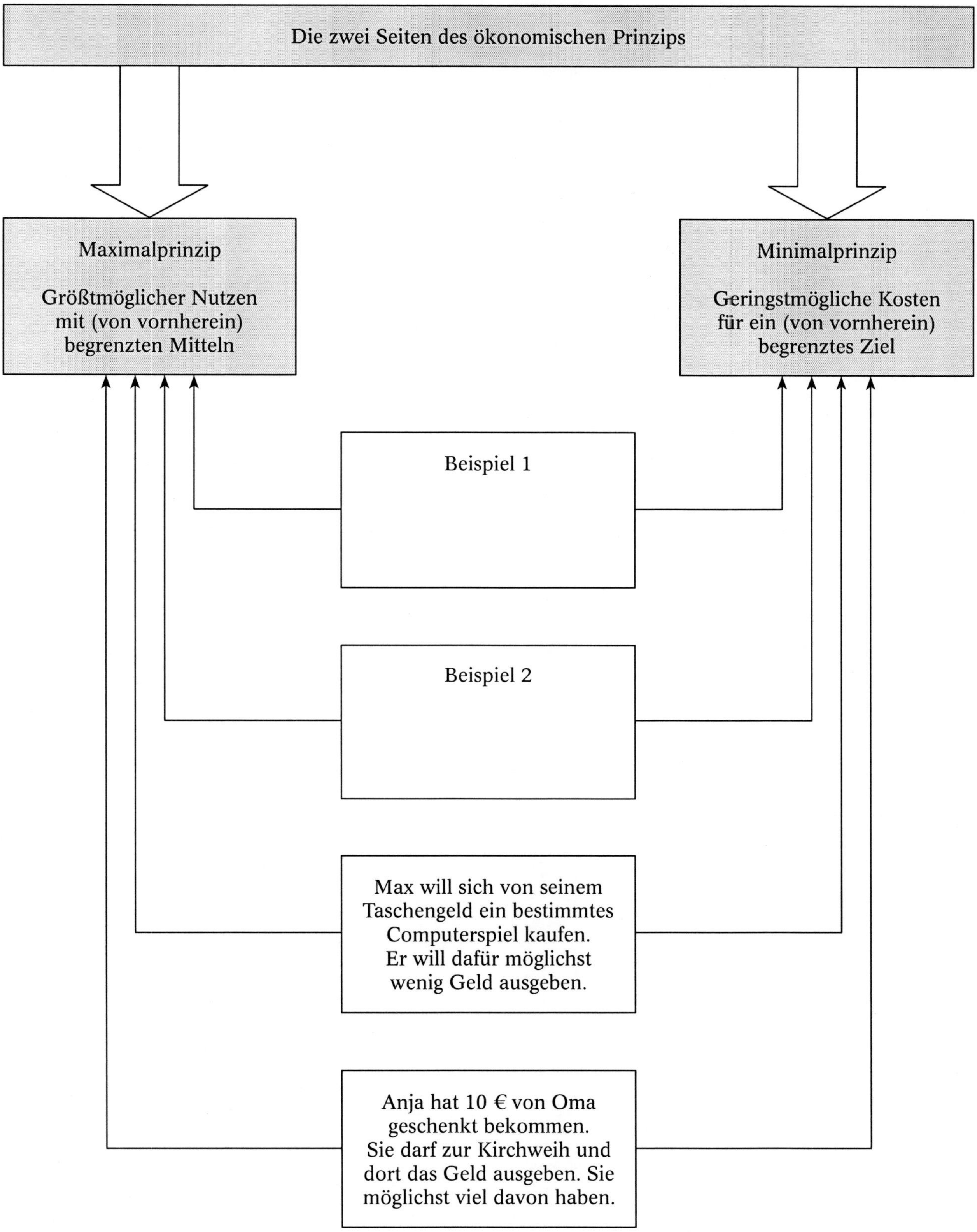

Ordne die Beispiele dem Maximalprinzip und dem Minimalprinzip richtig zu.
Male den zutreffenden Pfeil farbig nach.

Arbeitsblatt: Planskizze vom Supermarkt

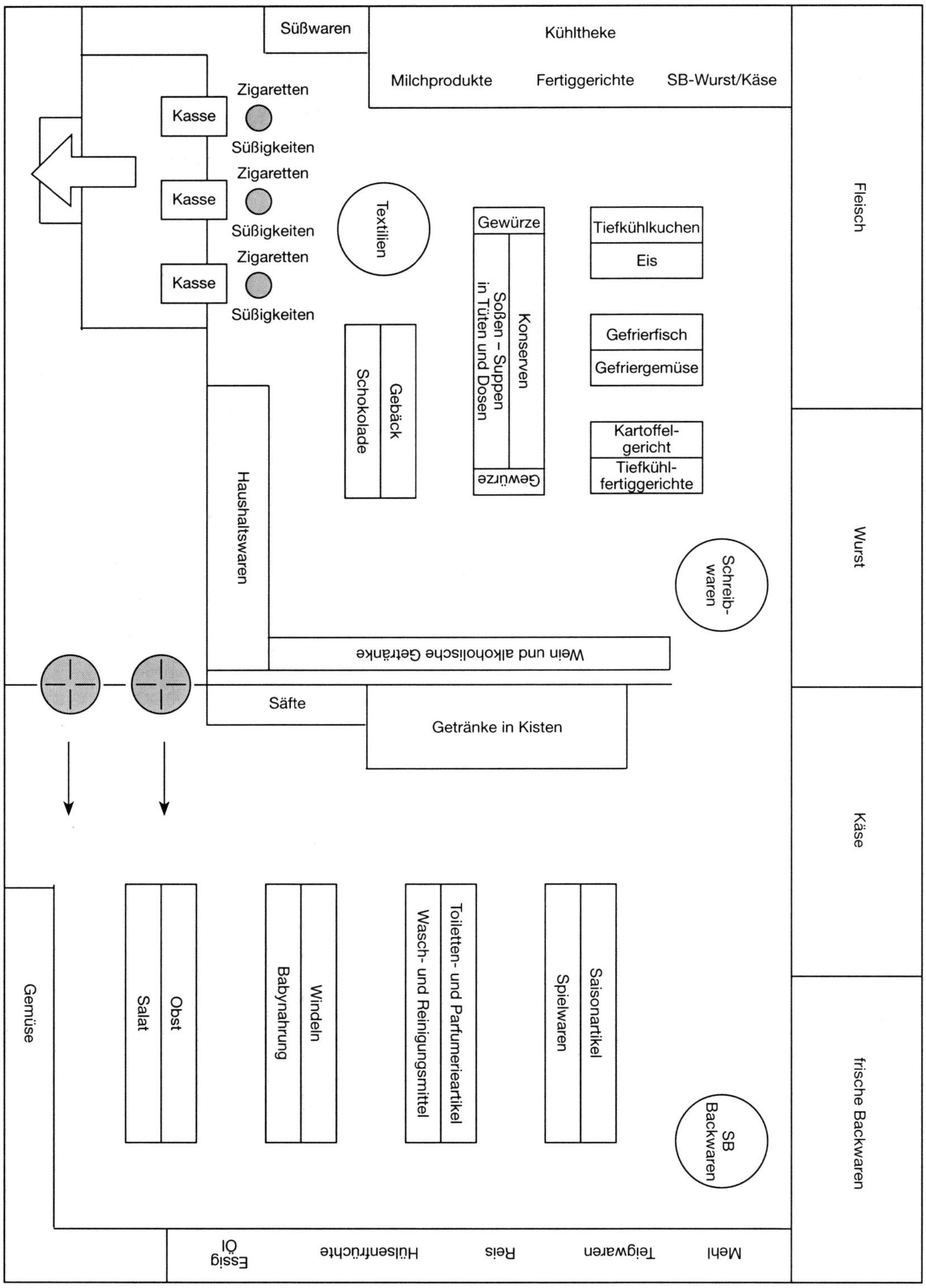

1. **Kennzeichne die Regale, aus denen du etwas brauchst mit einem blauen Punkt. Zeichne den kürzesten Weg ein, um die Waren des nebenstehenden Einkaufszettels zu besorgen.**

2. **An welchen Regalen kommst du vorbei, obwohl du nichts aus ihnen brauchst?**

3. **Überlegt, wie ihr die Regale anordnen würdet, damit der Kunde/die Kundin an möglichst vielen Regalen vorbeikommt.**

Arbeitsblatt: Konsumentensouveränität – Verkaufsstrategien

Fragebogen zur Einrichtung eines Supermarktes

Aufgabe: Du bist der Leiter eines Supermarktes. Dein Ziel ist es, möglichst viel zu verkaufen. Wie würdest du den Supermarkt einrichten, damit die Kunden möglichst viel bei dir kaufen? Kreuze bei den folgenden Aussagen an, ob sie deiner Ansicht nach richtig, teils richtig oder falsch sind.
Diesen Fragebogen könnt ihr zweimal beantworten, einmal bevor ihr die einzelnen Strategien der Verkaufsexperten kennen gelernt habt und einmal danach. So könnt ihr selbst prüfen, ob ihr die einzelnen Strategien durchschaut habt.

	richtig	teils richtig	falsch
1. Ich würde die Gänge im Supermarkt so breit anlegen, dass die Käufer möglichst ohne Behinderung durch den Supermarkt gehen können.			
2. Die Gänge würde ich nicht durch Waren verstellen, damit die Kunden nicht bei ihrem Einkauf behindert werden.			
3. Alle Waren würde ich versuchen so zu stellen, dass die Kunden möglichst wenig Zeit beim Einkauf verlieren und nicht ärgerlich werden.			
4. Die Waren, die die Kunden fast täglich benötigen, wie z. B. Brot, Margarine, Milch, Wurst würde ich im Supermarkt so aufbauen, dass sie von den Kunden sehr schnell und ohne Schwierigkeiten erreicht werden können.			
5. Die Waren, die täglich benötigt werden, können im Supermarkt ruhig an einer entfernten Stelle angebracht werden, weil die Kunden dann den gesamten Laden durchqueren müssen.			
6. Ich würde den Supermarkt so einrichten, dass die Kunden möglichst schnell ihre Einkäufe tätigen können, damit für die nächsten Kunden genügend Platz vorhanden ist: Ich will ja möglichst viel verkaufen.			
7. Ich würde viele Sonderangebote machen, um damit die Kunden in den Supermarkt zu locken. Die Sonderangebote müssen so günstig sein, dass die Kunden auch möglichst viel von diesen Sonderangeboten kaufen.			
8. Die Gänge des Supermarktes würde ich so breit anlegen lassen, dass die Kunden möglichst schnell bis nach hinten in den Laden durchgehen können. Dadurch werden die nachfolgenden Kunden nicht behindert.			
9. Die Waren, die täglich gebraucht werden, würde ich so in den Regalen aufstellen lassen, dass der Kunde sie sofort sieht und ohne Mühe greifen kann.			
10. Mit den Sonderangeboten würde ich die Kunden in den Supermarkt locken – verdienen kann ich daran nicht viel. Wenn die Kunden aber erst in meinem Laden sind, kaufen sie voraussichtlich auch andere Güter, an denen ich mehr verdienen kann.			
11. Die Regale sollten immer so voll sein, dass der Kunde den Eindruck hat, dass diese Waren viel gekauft werden. Vor allem würde ich darauf achten, dass in den Regalen keine Lücken entstehen.			
12. Ich würde dafür sorgen, dass in meinem Supermarkt Musik gespielt wird. Die Kunden sollen sich wohl fühlen und Spaß an dem Einkauf haben.			
13. Ich würde die Waren nicht einfach in große Warenkörbe schütten, weil das einen unordentlichen Eindruck macht und die Kunden vom Kauf dieser Waren abhalten würde.			
14. An der Kasse würde ich versuchen, Süßigkeiten, Eis, Kaugummi nicht so aufzustellen, dass Kinder sie sehen können; denn an der Kasse muss es zügig gehen, damit die Kunden nicht so lange anstehen müssen.			
15. Ich würde Waren manchmal in größere Warenkörbe zusammenschütten, damit der Kunde den Eindruck bekommt, dass diese Waren besonders preisgünstig sind und der Supermarkt es sich bei diesem Preis nicht leisten kann, sie auch noch ordentlich aufzustapeln.			
16. In Kassennähe würde ich Süßigkeiten, Kaugummi, Eis o. Ä. so hinstellen, dass auch schon kleine Kinder bequem danach greifen können. Wenn kleine Kinder an der Kasse mit ihrer Mutter warten, können sie ungeduldig werden oder gar weinen. Die Mutter kann ihr Kind dann beruhigen, indem sie ihm Kaugummi, eine Rolle Drops o. Ä. kauft.			
17. Die Regale würde ich im Supermarkt so aufstellen, dass die Kunden an möglichst vielen Regalen vorbeigehen müssen. Denn wenn sie viele Waren sehen, kaufen sie vielleicht auch solche Waren, die sie nicht unbedingt jetzt nötig haben.			
18. Ich würde versuchen, die Kunden so lange wie möglich im Supermarkt aufzuhalten, weil sie dann voraussichtlich im Durchschnitt auch mehr kaufen.			
19. Durch Hinweisschilder und Werbeplakate würde ich die Kunden besonders auf die preisgünstigen Waren aufmerksam machen, damit in diesen schweren Zeiten meine Kunden nicht mehr Geld ausgeben als es unbedingt nötig ist.			
20. Ich würde die Kunden besonders auf die Nachteile bei einzelnen Waren aufmerksam machen, damit sie nicht etwas kaufen, was von schlechter Qualität ist.			

Lösungsblatt: Konsumentensouveränität – Verkaufstrategien

Fragebogen zur Einrichtung eines Supermarktes

Aufgabe: Du bist der Leiter eines Supermarktes. Dein Ziel ist es, möglichst viel zu verkaufen. Wie würdest du den Supermarkt einrichten, damit die Kunden möglichst viel bei dir kaufen? Kreuze bei den folgenden Aussagen an, ob sie deiner Ansicht nach richtig, teils richtig oder falsch sind.
Diesen Fragebogen könnt ihr zweimal beantworten, einmal bevor ihr die einzelnen Strategien der Verkaufsexperten kennen gelernt habt und einmal danach. So könnt ihr selbst prüfen, ob ihr die einzelnen Strategien durchschaut habt.

	richtig	teils richtig	falsch
1. Ich würde die Gänge im Supermarkt so breit anlegen, dass die Käufer möglichst ohne Behinderung durch den Supermarkt gehen können.			X
2. Die Gänge würde ich nicht durch Waren verstellen, damit die Kunden nicht bei ihrem Einkauf behindert werden.			X
3. Alle Waren würde ich versuchen so zu stellen, dass die Kunden möglichst wenig Zeit beim Einkauf verlieren und nicht ärgerlich werden.			X
4. Die Waren, die die Kunden fast täglich benötigen, wie z. B. Brot, Margarine, Milch, Wurst würde ich im Supermarkt so aufbauen, dass sie von den Kunden sehr schnell und ohne Schwierigkeiten erreicht werden können.			X
5. Die Waren, die täglich benötigt werden, können im Supermarkt ruhig an einer entfernten Stelle angebracht werden, weil die Kunden dann den gesamten Laden durchqueren müssen.	X		
6. Ich würde den Supermarkt so einrichten, dass die Kunden möglichst schnell ihre Einkäufe tätigen können, damit für die nächsten Kunden genügend Platz vorhanden ist: Ich will ja möglichst viel verkaufen.			X
7. Ich würde viele Sonderangebote machen, um damit die Kunden in den Supermarkt zu locken. Die Sonderangebote müssen so günstig sein, dass die Kunden auch möglichst viel von diesen Sonderangeboten kaufen.			X
8. Die Gänge des Supermarktes würde ich so breit anlegen lassen, dass die Kunden möglichst schnell bis nach hinten in den Laden durchgehen können. Dadurch werden die nachfolgenden Kunden nicht behindert.			X
9. Die Waren, die täglich gebraucht werden, würde ich so in den Regalen aufstellen lassen, dass der Kunde sie sofort sieht und ohne Mühe greifen kann.			X
10. Mit den Sonderangeboten würde ich die Kunden in den Supermarkt locken – verdienen kann ich daran nicht viel. Wenn die Kunden aber erst in meinem Laden sind, kaufen sie voraussichtlich auch andere Güter, an denen ich mehr verdienen kann.	X		
11. Die Regale sollten immer so voll sein, dass der Kunde den Eindruck hat, dass diese Waren viel gekauft werden. Vor allem würde ich darauf achten, dass in den Regalen keine Lücken entstehen.		X	
12. Ich würde dafür sorgen, dass in meinem Supermarkt Musik gespielt wird. Die Kunden sollen sich wohl fühlen und Spaß an dem Einkauf haben.	X		
13. Ich würde die Waren nicht einfach in große Warenkörbe schütten, weil das einen unordentlichen Eindruck macht und die Kunden vom Kauf dieser Waren abhalten würde.			X
14. An der Kasse würde ich versuchen, Süßigkeiten, Eis, Kaugummi nicht so aufzustellen, dass Kinder sie sehen können; denn an der Kasse muss es zügig gehen, damit die Kunden nicht so lange anstehen müssen.			X
15. Ich würde Waren manchmal in größere Warenkörbe zusammenschütten, damit der Kunde den Eindruck bekommt, dass diese Waren besonders preisgünstig sind und der Supermarkt es sich bei diesem Preis nicht leisten kann, sie auch noch ordentlich aufzustapeln.	X		
16. In Kassennähe würde ich Süßigkeiten, Kaugummi, Eis o. Ä. so hinstellen, dass auch schon kleine Kinder bequem danach greifen können. Wenn kleine Kinder an der Kasse mit ihrer Mutter warten, können sie ungeduldig werden oder gar weinen. Die Mutter kann ihr Kind dann beruhigen, indem sie ihm Kaugummi, eine Rolle Drops o. Ä. kauft.	X		
17. Die Regale würde ich im Supermarkt so aufstellen, dass die Kunden an möglichst vielen Regalen vorbeigehen müssen. Denn wenn sie viele Waren sehen, kaufen sie vielleicht auch solche Waren, die sie nicht unbedingt jetzt nötig haben.	X		
18. Ich würde versuchen, die Kunden so lange wie möglich im Supermarkt aufzuhalten, weil sie dann voraussichtlich im Durchschnitt auch mehr kaufen.		X	
19. Durch Hinweisschilder und Werbeplakate würde ich die Kunden besonders auf die preisgünstigen Waren aufmerksam machen, damit in diesen schweren Zeiten meine Kunden nicht mehr Geld ausgeben als es unbedingt nötig ist.			X
20. Ich würde die Kunden besonders auf die Nachteile bei einzelnen Waren aufmerksam machen, damit sie nicht etwas kaufen, was von schlechter Qualität ist.			X

Arbeitsblatt: Konsumentensouveränität – Verkaufsstrategien

Lückentext zum Abschnitt „Käuferfalle Supermarkt“

Noch ist der Kunde nicht im Laden

Um Kunden in ihr Geschäft zu ____________, werben die Supermärkte häufig mit ____________, auf ____________, die in Briefkästen der Häuser in der ____________ Umgebung des Geschäftes stecken oder in ____________. Die Eingänge der Supermärkte liegen meist zu ____________ Erde, denn Verkaufspsychologen haben herausgefunden, dass sich Kunden scheuen, erst einige ____________ hinaufzusteigen, um in das Geschäft zu gelangen.

Haltet den Kunden

Man hat durch Kundenlaufstudien festgestellt: Je ____________ ein Kunde im Geschäft bleibt, desto ____________ Geld gibt er meist aus. Um den Kunden möglichst ____________ im Laden zu halten, lässt man ____________ erklingen, damit er sich ____________ fühlt. Die Waren des täglichen Bedarfs bietet man nicht an ____________ Stelle im Supermarkt an, sondern an ____________ Stellen und zwar so, dass der Kunde an fast ____________ Regalen vorbeikommt.

Auch Sonderangebote werden nicht am ____________ angeboten, sondern weiter ____________ im Laden, meist in einer Zone, wo Waren platziert sind, die nicht so ____________ zu verkaufen sind. Damit der Kunde mit seinem Einkaufswagen nicht zu ____________ durch den Laden fährt, hat man ____________ die Gänge ____________ gestellt. So muss der Kunde öfter ____________ und wird dabei auch andere ____________ in den Regalen und Schüttkörben entdecken.

Jede Menge – wie beim Billigen Jakob

Von Waren, die in großen Mengen angeboten werden, glauben die Kunden, sie seien besonders ____________. Damit der Kunde auch den Eindruck hat, es würde eine große Menge angeboten, packt man die Ware in ____________ Schüttkörbe, deren Böden zudem noch in der Mitte ____________ sind.

Außerdem liegt die Ware ____________ und ____________ in dem Korb herum, und das Preisschild ist nicht gedruckt, sondern mit ____________ auf ____________ geschrieben. Der Kunde soll glauben, die Ware ist so ____________, dass sich dieses Geschäft für den Supermarkt kaum ____________.

Arbeitsblatt: Konsumentensouveränität – Verkaufsstrategien

Lückentext zum Abschnitt „Käuferfalle Supermarkt“

Für exklusive Ware - ein Platz auf der Haupttribüne

Die Verkaufsexperten haben herausgefunden, dass die Kunden am liebsten solche Waren nehmen, die in __________- und ________________ im Regal stehen. Auf diese Plätze stellen sie daher Waren, die etwas __________ sind und die die Kunden zu __________________ verleiten. Weiter unten liegen die Waren, die _____________ sind. Es lohnt sich also, sich zu bücken. Waren des täglichen Bedarfs, die der Kunde sowieso kauft, kommen natürlich __________ ins Regal. Damit der Kunde nicht den Eindruck gewinnt, eine Ware sei bisher noch von niemandem gekauft worden, packt man die Regale nicht ganz __________, sondern man lässt ________________. So glaubt der Kunde, diese Ware würde __________ verkauft.

Die goldene Kassenzone

Während die Kunden vor der Kasse _____________ müssen, haben sie __________ sich umzusehen. Hier in der so genannten _____________ Kassenzone werden auch Waren angeboten, z. B. _____________, _____________ u. Ä. Ein besonders reiches Angebot gibt es hier für _____________, die dann oft ihre Mütter _____________, dass sie ihnen etwas kaufen.

Lösungsblatt: Konsumentensouveränität – Verkaufsstrategien

Lückentext zum Abschnitt „Käuferfalle Supermarkt“

Noch ist der Kunde nicht im Laden

Um Kunden in ihr Geschäft zu locken, werben die Supermärkte häufig mit Sonderangeboten, auf Handzetteln, die in Briefkästen der Häuser in der näheren Umgebung des Geschäftes stecken oder in Tageszeitungen. Die Eingänge der Supermärkte liegen meist zu ebener Erde, denn Verkaufspsychologen haben herausgefunden, dass sich Kunden scheuen, erst einige Treppen hinaufzusteigen, um in das Geschäft zu gelangen.

Haltet den Kunden

Man hat durch Kundenlaufstudien festgestellt: Je länger ein Kunde im Geschäft bleibt, desto mehr Geld gibt er meist aus. Um den Kunden möglichst lange im Laden zu halten, lässt man Musik erklingen, damit er sich wohl fühlt. Die Waren des täglichen Bedarfs bietet man nicht an einer Stelle im Supermarkt an, sondern an vielen Stellen, und zwar so, dass der Kunde an fast allen Regalen vorbeikommt.
Auch Sonderangebote werden nicht am Eingang angeboten, sondern weiter hinten im Laden, meist in einer Zone, wo Waren platziert sind, die nicht so gut zu verkaufen sind. Damit der Kunde mit seinem Einkaufswagen nicht zu schnell durch den Laden fährt, hat man in die Gänge Stopper gestellt. So muss der Kunde öfter anhalten und wird dabei auch andere Waren in den Regalen und Schüttkörben entdecken.

Jede Menge – wie beim Billigen Jakob

Von Waren, die in großen Mengen angeboten werden, glauben die Kunden, sie seien besonders preisgünstig. Damit der Kunde auch den Eindruck hat, es würde eine große Menge angeboten, packt man die Ware in flache Schüttkörbe, deren Böden zudem noch in der Mitte aufgewölbt sind.
Außerdem liegt die Ware kreuz und quer in dem Korb herum, und das Preisschild ist nicht gedruckt, sondern mit Filzstift auf Pappe geschrieben. Der Kunde soll glauben, die Ware ist so billig, dass sich dieses Geschäft für den Supermarkt kaum lohnt.

Lösungsblatt: Konsumentensouveränität – Verkaufstrategien

Lückentext zum Abschnitt „Käuferfalle Supermarkt"

Für exklusive Ware - ein Platz auf der Haupttribüne

Die Verkaufsexperten haben herausgefunden, dass die Kunden am liebsten solche Waren nehmen, die in Sicht - und Griffhöhe im Regal stehen. Auf diese Plätze stellen sie daher Waren, die etwas teurer sind und die die Kunden zu Impulskäufen verleiten. Weiter unten liegen die Waren, die billiger sind. Es lohnt sich also, sich zu bücken. Waren des täglichen Bedarfs, die der Kunde sowieso kauft, kommen natürlich unten ins Regal. Damit der Kunde nicht den Eindruck gewinnt, eine Ware sei bisher noch von niemandem gekauft worden, packt man die Regale nicht ganz voll, sondern man lässt Grifflücken. So glaubt der Kunde, diese Ware würde gut verkauft.

Die goldene Kassenzone

Während die Kunden vor der Kasse warten müssen, haben sie Zeit sich umzusehen. Hier in der so genannten goldenen Kassenzone werden auch Waren angeboten, z. B. Süßigkeiten, Kaugummi u. Ä. Ein besonders reiches Angebot gibt es hier für Kinder, die dann oft ihre Mütter anbetteln, dass sie ihnen etwas kaufen.

Arbeitsblatt: Konsumentensouveränität – Verkaufsstrategien

Wir erkunden einen Supermarkt

Aus der Lösung des Lückentextes ergibt sich eine Vielzahl von Erkundungsmöglichkeiten:

Zum Absatz 1
- Handzettel, Anzeigen aus der Tageszeitung sammeln; wichtig: die Sonderangebote müssen für den Tag eurer Erkundung gelten.
- Liegt der Eingang zu ebener Erde?

Zum Absatz 2
- Wird im Geschäft Musik gespielt?
- Welcher Art?
- Wo stehen die Waren des täglichen Bedarfs? Zeichnet sie in den Grundriss ein.
- Welche möglichen Laufwege könnt ihr dazu in den Grundriss eintragen?
- Wo stehen die Sonderangebote?
- Sind die Sonderangebote zu den Preisen erhältlich, die in den Anzeigen angegeben sind? (Handzettel, Zeitung, Plakat)
- Sind die Gänge mit „Stoppern“ verstellt?
- Kundenbefragung:
  a) Haben Sie einen Einkaufszettel verwendet?
  b) Haben Sie Waren eingekauft, die Sie eigentlich nicht eingeplant hatten?
- Achtung: Geschäftsführung des Supermarktes um Erlaubnis fragen!

Zum Absatz 3
- Gibt es Schüttkörbe im Supermarkt? Wenn ja, wie sehen sie aus?
- Wie sind die Preisschilder dazu gestaltet?

Zum Absatz 4
- Wo stehen im Regal die Waren des täglichen Bedarfs?
- Bei gleichartigen Waren: Gibt es Preisunterschiede zwischen den Waren, die in Griff- und Sichthöhe und denen, die unten im Regal stehen?
- Sind in den Regalen Grifflücken?

Zum Absatz 5
- Welche Waren werden in der Kassenzone angeboten?
- Ist das Angebot auf Kinder abgestellt?

Arbeitsblatt: Konsumentensouveränität – Verkaufsstrategien

Einüben von Kundenbefragungen im Rollenspiel

1. Rollenspielsituation

Eingangsfrage: „Entschuldigen Sie, wir sind von der X-Schule und sprechen im Fach Arbeitslehre/Wirtschaft gerade über das Einkaufen im Supermarkt. Dazu möchten wir Ihnen ein paar Fragen stellen. Dürfen wir?"
1. Antwort: „Lasst mich zufrieden! Ich will nichts damit zu tun haben."
2. Antwort: „Welchen Sinn hat das denn? Wer ist denn überhaupt dafür verantwortlich?"
3. Antwort: „Ja, bitte!"
   Frage: „Haben Sie Waren eingekauft, die Sie nicht geplant hatten?"
   Antwort: „Ja".

Wie würdet ihr auf diese Antworten reagieren? Spielt die vier Situationen jeweils weiter.

2. Rollenspielsituation

A) Ihr seid dabei, einen Kunden zu befragen. Ein Vertreter der Geschäftsleitung kommt auf euch zu und fährt euch an: „Was macht ihr denn da? Verschwindet und belästigt nicht die Kunden!"

oder

B) Ihr seid im Geschäft und erkundet z.B. die Platzierung von Waren im Regal. Ein Verkäufer kommt auf euch zu und sagt: „Was notiert ihr denn da? Was soll das?"

Spielt diese beiden Situationen jeweils weiter.

Festlegung der Reihenfolge der Erkundungen
Reihenfolge der Erkundungen festlegen. Jede Gruppe sollte sich für ihre Erkundungen einen Erkundungsbogen anfertigen. So kann noch im Supermarkt überprüft werden, ob alle Erkundungsaufträge, die ihr euch vorgenommen hattet, erledigt sind.

Es ist ratsam, schon jetzt festzulegen, wie die Ergebnisse dargestellt werden sollen, denn die Erkundungsaufträge müssen so aufgebaut sein, dass sie zu einer Darstellungsform passen.
Übrigens: Man kann einen Supermarkt auch nachmittags während des Einkaufs erkunden.

Auswertung der Erkundung
Ergebnisse diskutieren, auswerten und darstellen, z. B. auf einer Info-Wand, in einem Bericht an die Schülerzeitung, durch den Entwurf eines Merkblattes „Tipps für den Einkauf im Supermarkt".
Bewertung der Erkundung in einer Abschlussdiskussion mit z. B. folgenden Fragen:
- Haben wir unsere Erkundungsziele alle erreicht?
- Wenn nicht, woran lag es im Einzelnen? Nehmt dazu den Erkundungsbogen zu Hilfe.
- Gab es Abweichungen von dem, was wir aus unserem Schulbuch über Verkaufsstrategien erfahren hatten?
- Hat es Schwierigkeiten gegeben und wie haben wir uns dabei verhalten?
- Hat die Arbeit Spaß gemacht? Ganz gleich, ob ja oder nein: Worin lagen die Gründe?
- Welche Konsequenzen lassen sich aus der Erkundung für das eigene Einkaufsverhalten ziehen?

Arbeitsblatt: Markterkundungsbogen 1

Wir erkunden diesen Markt: ______________________________

Unser Erkundungsschwerpunkt liegt auf dem Bereich ______________________________

Schwerpunkt Warensortiment

1. Woher kommen die einzelnen Waren? ______________________________

____

____

2. Wer ist für die Produkte und das Auffüllen der Regale in den Abteilungen zuständig und verantwortlich?

____

____

3. Wer bestimmt über das Sortiment insgesamt und bei einzelnen Produkten?

gesamtes Sortiment : ______________________________

Kaffeesortiment : ______________________________

______________ : ______________________________

______________ : ______________________________

4. Wie wird kontrolliert, wann was nachbestellt werden muss? ______________________________

____

____

5. ______________________________

____

6. ______________________________

____

Schwerpunkt Werbung

1. Welche Werbemaßnahmen werden durchgeführt? (Achtet z.B. auf Plakate, Musik und Lautsprecherdurchsagen über besondere Angebote, Prospekte, Zeitungsannoncen.)

____

____

2. Wie erfolgt die Warenplatzierung im Supermarkt? (Achtet z.B. auf die Anordnung der Regale, „Stopper“ und Wühltische.)

____

____

3. Findet Direktwerbung für neue Produkte statt? (z.B. Warenproben für Kunden) Fördert sie den Umsatz?

____

4. ______________________________

____

5. ______________________________

____

Arbeitsblatt: Markterkundungsbogen 2

Schwerpunkt Personaleinsatz

1. Wie viele vollbeschäftigte Angestellte arbeiten im Supermarkt? ______________________
2. Welche Ausbildung haben sie? ______________________
____
3. Welche Aufgaben haben sie? ______________________
____
4. Wie ist ihre Arbeitszeit geregelt? ______________________
____
5. Wo werden Aushilfs- und Teilzeitkräfte eingesetzt? ______________________
____
____
6. ______________________
____
____
7. ______________________
____
____

Schwerpunkt Kundenbefragung

1. Warum kaufen Sie gerade in diesem Supermarkt ein?
____
2. Wie oft kaufen Sie hier ein?
____
3. Nutzen Sie Sonderangebote? Wie werden Sie über diese informiert?
____
____
4. Bereiten Sie sich mit einem Einkaufszettel vor?
____
5. Haben Sie mehr eingekauft als geplant?
____
6. Ist der Supermarkt für Sie übersichtlich sortiert?
____
7. Vermissen Sie Personal, das beim Suchen behilflich ist oder Sie berät?
____
8. ______________________
____

Arbeitsblatt: Konsumentensouveränität – Verkaufstrategien

Beratungsfälle aus dem täglichen Leben

Beratungsbereich	Fälle
Abfall- und Umweltberatung	– Welche Produkte sind umweltfreundlich und wie sind sie gekennzeichnet? – Wie kann ich Abfall vermeiden? – Wie kann ich Abfall umweltgerecht entsorgen?
Produktberatung	Bei größeren persönlichen oder familiären Anschaffungen (z. B. CD-Player): Welche Geräte sind auf dem Markt? Wie teuer sind sie? Wie ist die Qualität?
Energieberatung, Bau- und Wohnungsberatung	Eine junge Familie baut ein Haus und möchte wissen, welche Heizung sie einbauen soll und wie Wasser und Strom gespart werden können.
Haushaltsberatung	Eine Familie möchte ihr Einkommen sinnvoll einteilen und möchte wissen, welche Ausgaben unbedingt nötig sind und wo gespart werden kann.
Ernährungsberatung	Übergewichtige Damen und Herren, Teens und Twens (Fast-Food-Fans) möchten abnehmen: Wie macht man das möglichst „schmerzlos“ und ohne die Gesundheit zu gefährden?
Kreditberatung und Entschuldungshilfe	– Durch die Arbeitslosigkeit des Vaters kann eine Familie Raten für ihren Kredit nicht mehr bezahlen. – Ein junger Mann hat bei einem sog. Kredithai einen Kredit zu Wucherzinsen aufgenommen um ein Auto zu kaufen. Aus dem Vertrag möchte er gern heraus.
Rechtsberatung und Reklamationshilfen	– Passend zur Wohnzimmerschrankwand lässt sich jemand ein kleines Bücherregal anfertigen. Lt. Kostenvoranschlag soll es 330,– Euro kosten. Auf der Rechnung stehen 760,– Euro. – Jemand hat mit einem Fitnessstudio einen Vertrag abgeschlossen. Er zieht um, soll aber weiter bezahlen.
Versicherungsberatung	– Eine junge Familie mit neuem Eigenheim möchte wissen, welche Versicherungen man unbedingt abschließen sollte und welche Versicherungsgesellschaften die günstigsten Angebote machen. – Ein Ehepaar möchte seinen Versicherungsschutz überprüfen lassen: Sind wir überversichert oder sogar doppelt versichert?

Arbeitsblatt: Konsumentensouveränität – Verkaufsstrategien

Preisvergleiche bei Alltagskäufen

Beispiel: Zutaten zum Nudelsalat

Produkt	Menge	Markenartikel	Preis	preisgünstigstes Angebot	Preis	Ersparnis
 1 Paket						
 1 Dose						
 1 Glas						
 1 Dose						
 1 Glas						
 1 Becher						

Summe: ________ – Summe: ________

= Summe ____________

Arbeitsblatt: Konsumentensouveränität – Verkaufsstrategien

Verpackungsarten am Beispiel einer Tintenpatrone

Während einer Schulstunde merkst du, dass dein Füller nicht mehr schreibt. Wie schon so viele Male zuvor, holst du aus deiner Federtasche eine Ersatzpatrone.

Aufgabe 1: Welche der aufgeführten Verpackungsarten hat die Tinte auf dem beschriebenen Verpackungsweg hinter sich?

Blisterverpackung, Gebindeverpackung, Transportverpackung, Umverpackung, Präsentationsverpackung, Produktverpackung.

Verpackungsweg	Verpackungsart
In einer Fabrik wird die Tinte in eine **Plastikpatrone** gefüllt.	
Die **Plastikpatronen** werden zu fünft in eine **Pappschachtel** gefüllt.	
Die **Pappschachtel** wird mit **Plastikfolie** auf eine bedruckte **Pappe** geschweißt.	
Die **Blister** werden zu zehnt gebündelt und in **Plastikfolie** eingeschweißt.	
Die gebündelten **Blister** werden in **Pappkartons** gestapelt.	
Die **Pappkartons** werden palettiert und mit **Plastikstreifen** für den Transport gesichert.	

Aufgabe 2: Setze den folgenden Text fort:
Gut verpackt kommt die Tinte im Supermarkt an. Dort wird als Erstes die Transportsicherung entfernt, dann …

____

____

____

____

____

Lösungsblatt: Konsumentensouveränität – Verkaufstrategien

Verpackungsarten am Beispiel einer Tintenpatrone

Während einer Schulstunde merkst du, dass dein Füller nicht mehr schreibt. Wie schon so viele Male zuvor, holst du aus deiner Federtasche eine Ersatzpatrone.

Aufgabe 1: Welche der aufgeführten Verpackungsarten hat die Tinte auf dem beschriebenen Verpackungsweg hinter sich?

Blisterverpackung, Gebindeverpackung, Transportverpackung, Umverpackung, Präsentationsverpackung, Produktverpackung.

Verpackungsweg	Verpackungsart
In einer Fabrik wird die Tinte in eine **Plastikpatrone** gefüllt.	Produktverpackung
Die **Plastikpatronen** werden zu fünft in eine **Pappschachtel** gefüllt.	Präsentationsverpackung
Die **Pappschachtel** wird mit **Plastikfolie** auf eine bedruckte **Pappe** geschweißt.	Blisterverpackung
Die **Blister** werden zu zehnt gebündelt und in **Plastikfolie** eingeschweißt.	Gebindeverpackung
Die gebündelten **Blister** werden in **Pappkartons** gestapelt.	Umverpackung
Die **Pappkartons** werden palettiert und mit **Plastikstreifen** für den Transport gesichert.	Transportverpackung

Aufgabe 2: Setze den folgenden Text fort:
Gut verpackt kommt die Tinte im Supermarkt an. Dort wird als Erstes die Transportsicherung entfernt, dann …

werden die Pappkartons von den Regalen genommen und im Regal gestapelt. Die oberen Kartons werden geöffnet, die Gebindeverpackung entfernt und die Blisterverpackungen zum Verkauf im Ladenregal gestapelt. Der Kunde entfernt zum Gebrauch die Blisterverpackung und nimmt aus der Präsentationsverpackung die Plastikpatrone heraus.

Arbeitsblatt: Konsumentensouveränität – Verkaufsstrategien

Der Lebenslauf eines Saftkartons

Ordne die folgenden Begriffe den entsprechenden Stadien im Lebenslauf eines Saftkartons zu!
(Mehrfachzuordnungen sind möglich)
Rohstoffverbrauch, Transport, Wasserverbrauch, Energie, Wasserbelastung, Luftbelastung, Produktionsabfall, Abfall, Landschaftsverbrauch, Bodenbelastung, Gewerbeabfall

Herstellung der Aluminiumfolie 	**Herstellung der Plastikschicht** 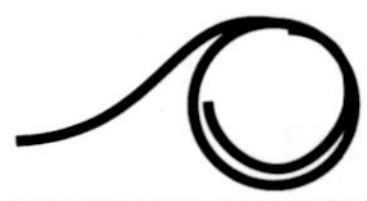	**Herstellung der Pappe** 

Kartonfabrik ____________________

____

Abfüllfabrik ____________________

____

Großhändler ____________________

____

Einzelhändler ____________________

____

Gebrauch ____________________

____

Deponie ____________________

____

Lösungsblatt: Konsumentensouveränität – Verkaufstrategien

Der Lebenslauf eines Saftkartons

Ordne die folgenden Begriffe den entsprechenden Stadien im Lebenslauf eines Saftkartons zu!
(Mehrfachzuordnungen sind möglich)
Rohstoffverbrauch, Transport, Wasserverbrauch, Energie, Wasserbelastung, Luftbelastung, Produktionsabfall, Abfall, Landschaftsverbrauch, Bodenbelastung, Gewerbeabfall

Herstellung der Aluminiumfolie 	**Herstellung der Plastikschicht** 	**Herstellung der Pappe** 
Rohstoffverbrauch Landschaftsverbrauch	Rohstoffverbrauch Energie	Rohstoffverbrauch Wasserverbrauch
Wasserbelastung Bodenbelastung	Luftbelastung	Energie
Energie Produktionsabfall		

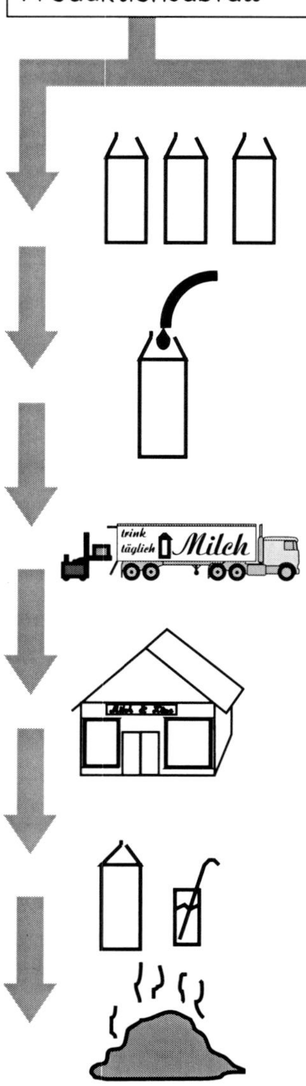

Kartonfabrik Transport (→ Energie, Luftbelastung)
Landschaftsverbrauch, Produktionsabfall

Abfüllfabrik Transport
Wasserbelastung

Großhändler Transport

Einzelhändler Transport, Gewerbeabfall

Gebrauch Transport
Abfall

Deponie Transport (→ Energie, Luftbelastung),
Landschaftsverbrauch

Test: Konsumentensouveränität – Verkaufsstrategien

Name: ______________________ Klasse: __________ Datum: ______________

1. Nennt zwei Gründe, warum Kinder- und Jugendliche für die Wirtschaft eine wichtige Zielgruppe sind.

____

____

2. Richtig oder falsch

	r	f
Wir wirtschaften,		
– weil wir materielle Bedürfnisse haben,	☐	☐
– weil wir mit wenig Geld möglichst viele Bedürfnisse befriedigen wollen.	☐	☐
Bedürfnisse sind:		
– ein schickes Fahrrad besitzen zu wollen.	☐	☐
– warme Unterhosen zu benötigen.	☐	☐
– viel Liebe, besonders für Kinder.	☐	☐

3. Bedürfnisse hängen ab

– von dem Ort, an dem wir leben, Beispiel:

____

– von der sozialen Umwelt, in der wir leben, Beispiel:

____

– von der Zeit, in der wir leben, Beispiel (früher – heute):

____

4. Auskommen mit dem Einkommen

„Mein Lohn ist hoch genug, nur die Monate sind zu lang“, bemerkt selbstironisch Frau Kleine, „spätestens am 20. ist das Konto leer, und ich weiß nicht, wie's kommt.“ Welchen Rat würdest du ihr geben?

____

____

5. Als wandelnde Litfaßsäulen sieht man die Kids heute herumlaufen.

a) Was heißt „wandelnde Litfaßsäulen“?

____

b) In welchem Zusammenhang dazu stehen Meinungsführer und Bezugsgruppen?

____

6. Was unterscheidet informierende von manipulierender Werbung?

____

____

7. Nenne drei unterschiedliche typische Jugendmärkte.

____

Test: Konsumentensouveränität – Verkaufsstrategien

Name: ______________________ Klasse: __________ Datum: ______________

8. Du bist der Leiter eines Supermarktes. Dein Ziel ist es, möglichst viel zu verkaufen. Wie würdest du den Supermarkt einrichten, damit die Kunden möglichst viel bei dir kaufen? Kreuze bei den folgenden Aussagen jeweils „richtig" oder „falsch" an.

	r	f
a) Ich würde den Supermarkt so einrichten, dass die Kunden möglichst schnell ihre Einkäufe tätigen können, damit für die nächsten Kunden genügend Platz vorhanden ist: Ich will ja möglichst viel verkaufen.	☐	☐
b) Mit den Sonderangeboten will ich die Kunden in den Supermarkt locken – verdienen kann ich daran nicht viel. Wenn die Kunden aber erst in meinem Laden sind, kaufen sie voraussichtlich auch andere Güter, woran ich mehr verdienen kann.	☐	☐
c) Ich würde die Waren nicht einfach in große Warenkörbe schütten, weil das einen unordentlichen Eindruck macht und die Kunden vom Kauf dieser Waren abhalten würde.	☐	☐
d) An der Kasse würde ich versuchen Süßigkeiten, Eis, Kaugummi nicht so aufzustellen, dass Kinder sie sehen können; denn an der Kasse muss es zügig gehen, damit die Kunden nicht so lange anstehen müssen.	☐	☐
e) Waren, die preisgünstig sind, werde ich in Sicht- und Griffhöhe in die Regale stellen, damit sie die Kunden sofort entdecken, denn in diesen schweren Zeiten sollen meine Kunden nicht mehr Geld ausgeben als nötig.	☐	☐

9. Vor dem Kauf informieren! Nenne Informationsquellen.

____

____

10. Was ist ein test-Kompass?

____

____

11. Beim Kauf von Gebrauchsgütern sollte man in folgenden fünf Schritten (Phasen) vorgehen:

____

____

12. Stelle fest, ob die folgenden Aussagen richtig oder falsch sind.

	r	f
a) Durch den Grünen Punkt werden Einwegverpackungen auf jeden Fall umweltfreundlich entsorgt.	☐	☐
b) Der Grüne Punkt täuscht Umweltfreundlichkeit vor.	☐	☐
c) Der Grüne Punkt auf Verpackungen sagt, dass eine Gebühr dafür bezahlt wurde, womit das Sammeln, Transportieren und Sortieren der Abfälle bezahlt wird.	☐	☐
d) Der Grüne Punkt kostet den Verbraucher nichts. Den entsorgenden Firmen reicht es, wenn sie die Verpackungen recyceln und die gewonnenen Rohstoffe verkaufen.	☐	☐
f) Der Grüne Punkt stoppt die Verpackungsflut nicht.	☐	☐

Test/Lösungen: Konsumentensouveränität – Verkaufsstrategien

Name: ______________________ Klasse: __________ Datum: ______________

1. Nennt zwei Gründe, warum Kinder- und Jugendliche für die Wirtschaft eine wichtige Zielgruppe sind.

a) Sie verfügen selbst über erhebliche Kaufkraft.

b) Sie beeinflussen Kaufentscheidungen der Erwachsenen.

2. Richtig oder falsch

	r	f
Wir wirtschaften,		
– weil wir materielle Bedürfnisse haben,	☑	☐
– weil wir mit wenig Geld möglichst viele Bedürfnisse befriedigen wollen.	☑	☐
Bedürfnisse sind:		
– ein schickes Fahrrad besitzen zu wollen.	☑	☐
– warme Unterhosen zu benötigen.	☑	☐
– viel Liebe, besonders für Kinder.	☑	☐

3. Bedürfnisse hängen ab
– von dem Ort, an dem wir leben, Beispiel:

In kalten oder gemäßigten Zonen: Häuser mit Heizung

– von der sozialen Umwelt, in der wir leben, Beispiel:

Kleiderordnung für Bankangestellte

– von der Zeit, in der wir leben, Beispiel (früher – heute):

Kohle – Elektroherd

4. Auskommen mit dem Einkommen
„Mein Lohn ist hoch genug, nur die Monate sind zu lang", bemerkt selbstironisch Frau Kleine, „spätestens am 20. ist das Konto leer, und ich weiß nicht, wie's kommt." Welchen Rat würdest du ihr geben?

Haushaltsberatung bei der Verbraucherzentrale aufsuchen;

Haushaltsplan aufstellen, Haushaltsbuch führen.

5. Als wandelnde Litfaßsäulen sieht man die Kids heute herumlaufen.
a) Was heißt „wandelnde Litfaßsäulen"?

z. B.: Sie tragen Markenkleidung mit ins Auge fallenden Labels.

b) In welchem Zusammenhang dazu stehen Meinungsführer und Bezugsgruppen?

Meinungsführer bestimmen Trends; beeinflussen die Gruppenmitglieder.

6. Was unterscheidet informierende von manipulierender Werbung?

Informierende Werbung gibt Auskunft über Menge, Preis und Qualität einer Ware,

manipulierende Werbung wendet sich mehr an das Gefühl.

7. Nenne drei unterschiedliche typische Jugendmärkte.

Jeans-Shop, Fast-Food-Restaurants, Trendsportläden

Test/Lösungen: Konsumentensouveränität – Verkaufsstrategien

Name: ______________________ Klasse: __________ Datum: ________________

8. Du bist der Leiter eines Supermarktes. Dein Ziel ist es, möglichst viel zu verkaufen. Wie würdest du den Supermarkt einrichten, damit die Kunden möglichst viel bei dir kaufen? Kreuze bei den folgenden Aussagen jeweils „richtig" oder „falsch" an.

	r	f
a) Ich würde den Supermarkt so einrichten, dass die Kunden möglichst schnell ihre Einkäufe tätigen können, damit für die nächsten Kunden genügend Platz vorhanden ist: Ich will ja möglichst viel verkaufen.	☐	☒
b) Mit den Sonderangeboten will ich die Kunden in den Supermarkt locken – verdienen kann ich daran nicht viel. Wenn die Kunden aber erst in meinem Laden sind, kaufen sie voraussichtlich auch andere Güter, woran ich mehr verdienen kann.	☒	☐
c) Ich würde die Waren nicht einfach in große Warenkörbe schütten, weil das einen unordentlichen Eindruck macht und die Kunden vom Kauf dieser Waren abhalten würde.	☐	☒
d) An der Kasse würde ich versuchen Süßigkeiten, Eis, Kaugummi nicht so aufzustellen, dass Kinder sie sehen können; denn an der Kasse muss es zügig gehen, damit die Kunden nicht so lange anstehen müssen.	☐	☒
e) Waren, die preisgünstig sind, werde ich in Sicht- und Griffhöhe in die Regale stellen, damit sie die Kunden sofort entdecken, denn in diesen schweren Zeiten sollen meine Kunden nicht mehr Geld ausgeben als nötig.	☐	☒

9. Vor dem Kauf informieren! Nenne Informationsquellen.

Sachkundige Freunde/Bekannte; Fachgeschäfte; Prospekte; Verbraucherzentrale; test-Hefte, Radio, TV.

10. Was ist ein test-Kompass?

Zusammenfassung der wichtigsten Ergebnisse eines Warentests in der test-Zeitschrift der Stiftung Warentest.

11. Beim Kauf von Gebrauchsgütern sollte man in folgenden fünf Schritten (Phasen) vorgehen:

Problem erkennen – sich informieren – beurteilen – sich entscheiden – Entscheidung kontrollieren.

12. Stelle fest, ob die folgenden Aussagen richtig oder falsch sind.

	r	f
a) Durch den Grünen Punkt werden Einwegverpackungen auf jeden Fall umweltfreundlich entsorgt.	☐	☒
b) Der Grüne Punkt täuscht Umweltfreundlichkeit vor.	☒	☐
c) Der Grüne Punkt auf Verpackungen sagt, dass eine Gebühr dafür bezahlt wurde, womit das Sammeln, Transportieren und Sortieren der Abfälle bezahlt wird.	☐	☒
d) Der Grüne Punkt kostet den Verbraucher nichts. Den entsorgenden Firmen reicht es, wenn sie die Verpackungen recyceln und die gewonnenen Rohstoffe verkaufen.	☐	☒
f) Der Grüne Punkt stoppt die Verpackungsflut nicht.	☐	☒

II Markt und Marktgeschehen

Didaktische Konzeption

Die Schülerinnen und Schüler erarbeiten nun am Modell des Marktes und der Preisbildung die grundlegenden Zusammenhänge zwischen Angebot und Nachfrage.

Sie lernen Denkmodelle als Erkenntnishilfen für komplizierte wirtschaftliche Sachverhalte mit ihren Eigenschaften und Grenzen kennen.

Sie erarbeiten handlungsorientiert die Gemeinsamkeiten verschiedener Märkte und erfahren, welche Bedeutung diese für Anbieter und Nachfrager haben. An ausgewählten Beispielen untersuchen sie, welche Faktoren die Preisbildung in der Marktwirklichkeit beeinflussen können. Wie ein Preis berechnet wird und wofür Kosten anfallen, wird an einem Kalkulationsbeispiel deutlich gemacht.

Das Problem der zunehmenden Unternehmenskonzentration im Einzelhandel und die damit verbundene Marktmacht einiger weniger Handelsriesen wird kritisch auf die Einschränkungen des Wettbewerbs und der Einkaufsmöglichkeiten untersucht. Aber auch neue Entwicklungen wie Bauernhofmärkte, kleine Spezialläden werden aufgezeigt.

Lösungsvorschläge zu den Aufgaben

Seite 32
Aufgabe 1

Wochenmärkte werden immer beliebter. Sie sind heute in fast jedem Ort zu finden, entweder auf Marktplätzen im Zentrum der Altstadt, z. B. traditionell vor dem Rathaus, oder auf extra dafür geschaffenen Plätzen in Neubaugebieten bzw. Einkaufszentren.

Auf dem Wochenmarkt werden in erster Linie Produkte aus der heimischen Landwirtschaft angeboten, wie Obst und Gemüse, Eier, Kartoffeln, zunehmend aber auch zugekaufte Obst-und Gemüsesorten. Außerdem sind dort Fleischerei-, Käse-, Bäckereiverkaufswagen von regionalen Händlern vertreten, ebenso Spezialstände, die Produkte aus Nachbarländern anbieten, z. B. Oliven, Öl, Essig aus Frankreich oder Italien, Käse aus Holland, Gewürzstände. Der Wochenmarkt ist für Biobauern häufig neben ihrem Hofladen der wichtigste Absatzmarkt für ihre erzeugten Produkte.

- Vorteile des Wochenmarktangebots:
  - heimische Saisonprodukte, dementsprechend oftmals preisgünstige Angebote,
  - frische Produkte, direkt vom Erzeuger,
  - spezielle Produkte, die es nur auf dem Wochenmarkt gibt,
  - persönliche Beziehung zu den Händlern,
  - Treffpunkt für Freunde und Bekannte,
  - Erlebniskauf,
  - Preisnachlass am Ende der Marktzeit.

- Nachteile des Wochenmarktangebots:
  - zugekaufte Produkte sind oftmals teurer als im Supermarkt, da sie vom Händler nicht in so großen Mengen beim Großmarkt eingekauft werden,
  - man muss die eingekauften Waren über den Wochenmarkt tragen (Problem bei größeren Mengen, z. B. Blumenpflanzen, Einmachobst).

Aufgabe 2

In fast jedem Ort gibt es Plätze und Straßen, die auf Handel oder Märkte aus früheren Zeiten schließen lassen, z. B.:
- Marktplatz, Kornmarkt, Schafmarkt, Töpfermarkt, Hopfenmarkt usw.
- Seilergasse, Gerbergasse, Hutmacherstraße, Fleischhauerstraße usw.

Märkte haben eine alte Tradition. Seit Beginn der Arbeitsteilung und Entstehung von Handwerk, Gewerbe und Handel wurden die Produkte in erster Linie auf Märkten bzw. Marktplätzen angeboten: auf Jahrmärkten, Wochenmärkten, Spezialmärkten.

Aufgabe 3

In fast allen Regionalzeitungen sind Kleinanzeigen nach unterschiedlichen Märkten zusammengestellt. Das gilt insbesondere für die Samstagsausgaben. Typische Unterscheidungen sind z. B.: Automarkt (Verkauf/Ankauf), Stellenmarkt (Stellenangebote/Stellengesuche), Immobilienmarkt (Verkauf/Ankauf), Reisen, Vermietung, Unterricht/Fortbildung, Verschiedenes.

Aufgabe 4

Individuelle Lösungen

Seite 33
Aufgabe 1

Der „ideale“ Preis wäre der, wenn sowohl Anbieter als auch Nachfrager in gleicher Zahl vorhanden wären, so dass sich beide Gruppen auf ein bestimmtes Preisniveau einigen (Gleichgewichtspreis).

Seite 34
Aufgabe 1

Das **Modell der Stadtkarte** ist ein Abbild der Wirklichkeit. Es stellt in einem bestimmten Maßstab Straßen, öffentliche Gebäude, Grünanlagen und Wasserflächen dar. Die Karte ist auf das Wesentliche reduziert: Haupt- und Nebenstraßen mit ihren Straßennamen, Bushaltestellen und Stadtautobahn sind zu ersehen. Das Modell der Stadtkarte könnte von Radfahrern, Autofahrern und Touristen benutzt werden um sich in einer fremden Stadt zurechtzufinden. Es ist auch für Wohnungssuchende, Taxifahrer, Geschäftsreisende usw. interessant.
Das **Stadtplanungsmodell** ist ebenfalls ein verkleinertes Abbild der Realität. Es reduziert auf das Wesentliche, was dargestellt werden soll: Gebäude und Straßen eines Stadtteilbezirks. Investoren und Stadtplaner können sich ein Bild davon machen, wie ein neu zu bebauender Stadtteil aussehen könnte. Bürger erhalten anschaulich einen Einblick in die geplanten Veränderungen einer Stadt und können bei Ausschusssitzungen der Stadt Eingaben machen und Änderungswünsche vorbringen.
Das **Flugzeugmodell** ist ein Abbild des Originals. Es ist viel kleiner, reduziert auf die wesentlichen Merkmale eines Flugzeugtyps. Es hat keine Innenausstattung und Details, vermittelt aber trotzdem eine Vorstellung von dem tatsächlichen Flugzeug.

Methode: Denken in Modellen
Die Modellmerkmale müssen deutlich gemacht werden.

Modellmerkmale:
Zur Erarbeitung der Modellmerkmale sind folgende sieben Grundfragen hilfreich:
1. **Was** wird abgebildet? = Repräsentation (Modell wovon?)
2. **Wie** wird es nachgebildet? = Reduktion oder Verkürzung (Modell wozu?)
3. **Für wen** wird es nachgebildet und **wie lange** ist die Nachbildung gültig? = Subjektivität oder Perspektivität (Modell für wen, wann?)
4. **Worin** unterscheidet sich die Nachbildung vom Original? = Akzentuierung (Modell wozu?)
5. **Wo** liegt der Vorteil/Nachteil dieser Darstellung? = Transparenz (Modell wozu?)
6. **Für wen** ist die Nachbildung gemacht, für wen nicht? = Intentionalität (Modell für wen?)
7. **Wofür** kann ein Benutzer diese Darstellung gebrauchen? = Instrumentalität (Modell wozu?)

Um das Denken in Modellen einzuführen, bietet sich die Arbeit mit einer Regionalkarte an: dieselbe Region z. B. einmal als Autokarte, Radfahrerkarte, Wanderkarte. Jedesmal wird etwas anderes hervorgehoben: Straßen, Wege, Pfade. Dadurch werden die Merkmale von Modellen deutlich.

→ *Arbeitsblatt: Stadtplanungsmodell (Seite 54)*
→ *Lösungsblatt: Stadtplanungsmodell (Seite 55)*

Modellannahmen: Es ist notwendig, sich bewusst zu machen, welche Modellannahmen getroffen wurden, damit das jeweilige Modell auch funktioniert. Diese Modellannahmen werden deutlich gemacht in dem Marktmodell S. 35, dem Modell der idealen Preisbildung. Nur wenn die dort gemachten Annahmen alle stimmen, dann gilt die Regel: Angebot und Nachfrage bestimmen den Preis.

Es ist sinnvoll, die Modellannahmen mit der Marktwirklichkeit zu vergleichen, wo Übereinstimmungen und Abweichungen sind, um den Unterschied zwischen Modell und Wirklichkeit herauszufinden.

Aufgabe 2

a) Karte: Art der Bebauung, einzelne Häuser, Straßenbeschaffenheit (Fahrbahn, Radweg, Bürgersteige, Zebrastreifen, Straßenschilder)
b) Stadtplanungsmodell: siehe Arbeitsblatt „Stadtplanungsmodell"
c) Flugzeugmodell: Innenausstattung (Sitze, Cockpit, Lagerraum), Motor, Sicherheitssystem

Aufgabe 3

Individuelle Lösungen

Seite 35
Aufgabe 1

Abb. 1 (links oben): Auf einem vollkommenen Markt herrscht Konkurrenz, daher kann niemand den Markt beherrschen.
Abb. 2 (links unten): Auf vollkommenen Märkten herrscht vollständige Marktübersicht.
Abb. 3: (Mitte): Verkäufer möchten einen möglichst hohen Gewinn erzielen, die Käufer dagegen möchten möglichst geringe Preise zahlen.
Abb. 4 (rechts oben): Die Güter sind alle gleich, sie unterscheiden sich einzig durch den Preis.
Abb. 5 (rechts unten): Die Nachfrager haben keine Vorlieben für ein bestimmtes Produkt oder einen bestimmten Hersteller.

Seite 36
Aufgabe 1

Die Zusammenstellung zeigt, dass die Nachfrage nach preiswerten CDs hoch ist, dagegen ist das Angebot niedrig. Bei einem hohen Preis verhält es sich umgekehrt: Es werden viele CDs angeboten, aber nur wenige nachgefragt. Der Gleichgewichtspreis liegt bei etwa 9 Euro: Angebot und Nachfrage sind gleich groß.

Aufgabe 2

Ideale Preisbildung am Markt Modellannahmen	**Preisbildung in der Marktwirklichkeit Übereinstimmungen/Abweichungen vom Modell**
In unserem Marktmodell gibt es viele Anbieter, die sich Konkurrenz machen, aber auch viele Nachfrager.	Stimmt. Es gibt viele Anbieter, die sich Konkurrenz machen, aber auch viele Nachfrager.
Die Nachfrager wollen zu einem günstigen Preis einkaufen, die Anbieter einen möglichst hohen Gewinn erzielen.	Stimmt. Nachfrager wollen zu einem günstigen Preis einkaufen, Anbieter wollen einen möglichst hohen Gewinn erzielen.
Anbieter und Nachfrager wissen genau, zu welchen Preisen auf dem Markt Produkte angeboten werden.	Stimmt nicht. Weder Anbieter noch Nachfrager wissen genau, zu welchen Preisen auf dem Markt die Produkte angeboten werden. Sie haben keine vollständige Marktübersicht.
Die auf dem Markt angebotenen Produkte haben gleiche Qualität. Der Preis ist die einzige Richtschnur für den Kauf der Produkte.	Stimmt nicht. Ein Preisvergleich ist schwierig, da ein Produkt oft in unterschiedlichen Qualitäten angeboten wird. Es gibt Unterschiede in Aussehen, Frische, Beschaffenheit, Erzeuger.
Weder Anbieter noch Nachfrager bevorzugen aus persönlichen, räumlichen oder zeitlichen Gründen einen Marktpartner.	Stimmt nicht. Gerade auf dem Wochenmarkt gibt es persönliche Vorlieben für bestimmte Marktstände. Aus Zeitgründen kauft man die verschiedenen Produkte nicht dort, wo sie am billigsten sind, weil man sich sonst erst eine Marktübersicht verschaffen und später überall anstellen müsste.

Aufgabe 3

- Ist die Nachfrage größer als das Angebot, dann steigt der Preis.
- Steigt der Preis, dann steigt das Angebot, aber die Nachfrage sinkt.
- Sinkt der Preis, dann sinkt das Angebot, aber die Nachfrage steigt.
- Ist das Angebot größer als die Nachfrage, dann sinkt der Preis.

Seite 37
Aufgabe 1

- Das Angebot an Skisachen und Schlitten ist größer als die Nachfrage, der Preis sinkt.
- Die Nachfrage nach Benzin ist zur Hauptreisezeit groß, der Preis steigt.
- Bei geringem Angebot an Erdbeeren und großer Nachfrage steigt der Preis, in der Haupterntezeit fällt der Preis und zu Saisonende, wenn nur noch wenige besondere Sorten angeboten werden, steigt der Preis wieder.

Aufgabe 2

- Bei einem großen Angebot an DVD-Spielern wird der Preis in der Regel sinken, da das Angebot größer ist als die Nachfrage.
- Für die Hersteller ist das Angebot bei geringem Preis weniger interessant, es wird sinken.
- Das Produkt wird entweder ganz vom Markt verschwinden oder bei geringem Angebot und steigender Nachfrage wird der Preis wieder steigen.

Seite 38
Aufgabe 1

- In dieser besonderen Situation heiligt der Zweck die Mittel. Frau Berger hat richtig gehandelt, denn zum Preis in der Stadt müsste sie noch die Benzinkosten für diese eine Fahrt hinzurechnen. Grundsätzlich sollte sie preiswerte Einkaufsmöglichkeiten in der Stadt nutzen und sich einen Vorrat anlegen.
- Herr Hörster sollte seinem Freund erzählen, dass das Gerät bei der Konkurrenz 50 Euro billiger ist und mit ihm einen Freundschaftspreis aushandeln. Der Kundendienst spielt bei Elektrogeräten eine wichtige Rolle und rechtfertigt häufig einen höheren Anschaffungspreis. Vielleicht kann er auch sein altes Gerät bei ihm in Zahlung geben.
- Bei Kaffee spielen die Sorte, die Röstart, das Aroma und die Verträglichkeit eine wichtige Rolle. Den preiswertesten Kaffee kann man nur durch Verkostung der verschiedenen Marken und Sorten herausfinden.

Aufgabe 2

Individuelle Lösungen

Seite 39
Aufgabe 1

Die Geschichte verdeutlicht, wie schwer es bisweilen für den Verbraucher ist, nach dem ökonomischen Prinzip zu handeln, d. h. beim Kauf den für ihn größten Nutzen zu erzielen. In diesem Fall hätte der Regenschirm preiswert und hochwertig sein sollen, aber es ist unmöglich, den gesamten Regenschirmmarkt zu überblicken und Preise und Qualitäten zu vergleichen.

Seite 40
Aufgabe 1

Die Campingausrüstung wird zum Saisonende (Spätsommer) sicher zum günstigsten Preis zu erwerben sein. Die Campingartikel würden über den Winter unnötig den Platz in den Lagern blockieren. Außerdem können im kommenden Jahr diese Waren vielleicht nicht mehr „In“ (absetzbar) sein, weil z. B. schon wieder bessere Produkte auf dem Markt sind.

Seite 43
Aufgabe 1

Ziel kann nur sein, Kosten an mehreren Stellen zu sparen:

- Die Materialkosten sind hoch, hier sollte durch günstigeren Einkauf versucht werden, Kosten zu senken (z. B. 10 % beim Stoff,	1,20 Euro
15 % bei den Nieten).	0,54 Euro
- Ebenso muss versucht werden, durch Rationalisierung die Fertigungskosten zu mindern (z. B. 10 %).	1,20 Euro
- Schließlich kann auch der Gewinnzuschlag gesenkt werden, hier sollte der Gewinnzuschlag 10 % betragen.	3,70 Euro
	6,64 Euro

Aufgabe 2

Für die Erläuterung der verschiedenen Faktoren der Preisbildung auf der Anbieter- und Nachfragerseite bietet sich das Beispiel „Markenjeans" aus dem Arbeitsblatt an:
Ob eine Jeans für 42,53 Euro angeboten wird oder für 35,89 Euro, ist abhängig
a) auf der Anbieterseite:
- von den Produktionskosten (Wird die Jeans in Billiglohnländern oder bei uns in Deutschland produziert?),
- vom Gewinnstreben (Kann ich 15 % oder nur 10 % Gewinn erzielen?),
- von den Konkurrenzpreisen (Diese machen es oft erforderlich, dass die Fertigungskosten und der Gewinn gesenkt werden müssen, um konkurrenzfähig zu bleiben.);

b) auf der Nachfragerseite:
- vom Preis des Gutes (Bin ich bereit, für die Markenjeans den hohen Preis zu bezahlen?),
- vom Einkommen (Reicht mein Einkommen aus, um mir diese Markenjeans zu leisten?),
- von der Dringlichkeit meines Bedürfnisses (Wie stark ist der Wunsch, diese Jeans zu besitzen?),
- vom Preis der Konkurrenzprodukte (Gibt es andere gute Markenjeans, die preiswerter sind?).

So gesehen gilt auch in der Marktwirklichkeit die Regel: Angebot und Nachfrage bestimmen den Preis!

→ *Arbeitsblatt: Kostenkalkulation für die Herstellung einer Jeans (Seite 56)*
→ *Lösungsblatt: Kostenkalkulation für die Herstellung einer Jeans (Seite 57)*

Seite 45
Aufgabe 1

Gründe, warum Bauernhofmärkte wieder attraktiv werden:
- Kauf direkt vom Erzeuger;
- erntefrische Ware, gute Qualität;
- gesunde Produkte, naturbelassen, ohne Schadstoffe;
- persönliche Bedienung, Schwätzchen;
- Erlebniskauf, Landleben schnuppern, Naturverbundenheit;
- Gegenbewegung zu den großen Einkaufsketten, wo alles uniform ist;
- überschaubares Angebot.

Aufgabe 2

Individuelle Lösungen

Seite 46
Aufgabe 1–4

Individuelle Lösungen

Arbeitsblatt: Markt und Marktgeschehen

Stadtplanungsmodell

Die Abbildung zeigt einen Ausschnitt aus einem Stadtplanungsmodell.

1. Was ist abgebildet, was fehlt? Nenne jeweils Beispiele.

abgebildet	nicht abgebildet

2. Worin unterscheidet sich das Modell vom Original?

3. Was wird mit der Verkürzung gegenüber der Wirklichkeit erreicht?

4. Für wen ist dieses Modell hergestellt worden, für wen z. B. nicht?

Lösungsblatt: Markt und Marktgeschehen

Stadtplanungsmodell

Die Abbildung zeigt einen Ausschnitt aus einem Stadtplanungsmodell.

1. Was ist abgebildet, was fehlt? Nenne jeweils Beispiele.

abgebildet	nicht abgebildet
Straßenzüge,	einzelne Häuser,
Bauten, z. T. Geschäftsbauten,	Nutzung der Innenflächen
Parkflächen,	der Häuserzeilen.
Grünanlagen.	

2. Worin unterscheidet sich das Modell vom Original?

Vor allem durch die Verkleinerung und dem Fehlen vieler Einzelheiten, siehe Aufgabe 1.

3. Was wird mit der Verkürzung gegenüber der Wirklichkeit erreicht?

Dadurch werden einige wichtige Punkte der Raumnutzung hervorgehoben. So bekommt man einen ersten Eindruck der Gesamtgestaltung, der in der Wirklichkeit nur erreicht werden könnte, wenn eine Luftaufnahme gemacht würde, was aber im Planungszustand nicht möglich ist.

4. Für wen ist dieses Modell hergestellt worden, für wen z. B. nicht?

Auf der Grundlage solcher Modelle können z. B. Verwaltungen und politische Gremien über die Bebauung eines Gebietes entscheiden, da so besser als auf Grundrissen ein plastischer Eindruck vermittelt wird.
Für einen Architekten, der z. B. die Straßen planen soll, genügt ein solches Modell nicht.

Arbeitsblatt: Markt und Marktgeschehen

Kostenkalkulation für die Herstellung einer Jeans

		Dein Lösungsvorschlag
Fertigungsmaterial		
Jeansstoff	12,00	______
Nieten	3,60	______
+ **Materialgemeinkosten** (5%)	0,78	______
Materialkosten	16,38	______
+ **Fertigungseinzelkosten**		
(Zuschneiden, Nähen)	12,00	______
+ **Fertigungsgemeinkosten** (10%)	1,20	______
Fertigungskosten	13,20	______
Herstellkosten (Mk + Fk)	29,58	______
+ **Verwaltungsgemeinkosten** (20%)	5,92	______
+ **Vertriebsgemeinkosten** (5%)	1,48	______
Selbstkosten	36,98	______
+ **Gewinnzuschlag** (15%)	5,55	______
Nettoverkaufspreis (ohne MWSt.)	42,53	______

Die Jeansfabrik hat bei dem kalkulierten Preis ihrer Jeans Absatzprobleme, da die Konkurrenzprodukte preisgünstiger angeboten werden. Die Marketingabteilung hält es für nötig, dass Kosten von rund 6,00 Euro eingespart werden, wenn man konkurrenzfähig bleiben wolle. Überlege, wo gespart werden könnte und schreibe deine Lösung neben die Kalkulation. Begründe deinen Lösungsvorschlag.

______

______

______

______

______

______

______

Lösungsblatt: Markt und Marktgeschehen

Kostenkalkulation für die Herstellung einer Jeans

		Dein Lösungsvorschlag
Fertigungsmaterial		
Jeansstoff	12,00	10,80
Nieten	3,60	3,06
+ **Materialgemeinkosten** (5%)	0,78	0,69
Materialkosten	16,38	14,55
+ **Fertigungseinzelkosten**		
(Zuschneiden, Nähen)	12,00	10,80
+ **Fertigungsgemeinkosten** (10%)	1,20	1,08
Fertigungskosten	13,20	11,88
Herstellkosten (Mk + Fk)	29,58	26,43
+ **Verwaltungsgemeinkosten** (20%)	5,92	5,29
+ **Vertriebsgemeinkosten** (5%)	1,48	1,32
Selbstkosten	36,98	33,04
+ **Gewinnzuschlag** (15%)	5,55	3,30
Nettoverkaufspreis (ohne MWSt.)	42,53	36,34

Die Jeansfabrik hat bei dem kalkulierten Preis ihrer Jeans Absatzprobleme, da die Konkurrenzprodukte preisgünstiger angeboten werden. Die Marketingabteilung hält es für nötig, dass Kosten von rund 6,00 Euro eingespart werden, wenn man konkurrenzfähig bleiben wolle. Überlege, wo gespart werden könnte und schreibe deine Lösung neben die Kalkulation. Begründe deinen Lösungsvorschlag.

Ziel kann nur sein, Kosten an mehreren Stellen zu sparen:
- Die Materialkosten sind hoch, hier sollte durch günstigeren Einkauf versucht werden, Kosten zu senken (z. B. 10% beim Stoff, 15% bei den Nieten).
- Ebenso muss versucht werden durch Rationalisierung die Fertigungskosten zu mindern (z. B. 10%).
- Schließlich kann auch der Gewinnzuschlag gesenkt werden, hier sollte der Gewinnzuschlag 10% betragen.

Test: Markt und Marktgeschehen

Name: ______________________ Klasse: ____ Datum: ______ Punkte

1. Nenne drei Arten von Märkten:

____ ______

2. Welche beiden Parteien treffen auf einem Markt aufeinander?

____ ______

3. Welche Auswirkungen hat es auf den Preis für die jeweilige Ware, wenn

a) bestimmte Schuhe plötzlich total „in" sind:

____ ______

b) jede Menge Sommerbekleidung angeboten wird und der Sommer kalt und verregnet ist:

____ ______

c) es ein gutes Spargeljahr ist, d.h. wenn es in der Haupterntezeit reichlich Spargel gibt?

____ ______

4. Warum sind Denkmodelle für den Wirtschaftslehreunterricht wichtig?

____

____

____ ______

5. Du weißt, dass das Modell der idealen Preisbildung nur unter bestimmten Voraussetzungen funktioniert, wobei alle fünf Voraussetzungen erfüllt sein müssen. Deshalb ist die ideale Preisbildung in der Marktwirklichkeit eigentlich eine Ausnahme.
Schreibe zu folgenden Modellannahmen jeweils ein Beispiel, das zeigt, warum das Modell der idealen Preisbildung nur selten funktioniert.

Der Preis bildet sich, wenn	Beispiel aus der Marktwirklichkeit, das der Modellannahme widerspricht
1. … viele Anbieter und Nachfrager in Konkurrenz stehen und keiner den Markt beherrscht.	
2. … alle Marktteilnehmer eine vollkommene Marktübersicht haben.	

______

Test: Markt und Marktgeschehen

Name: ______________________ Klasse: _____ Datum: _________ Punkte

Der Preis bildet sich, wenn	Beispiel aus der Marktwirklichkeit, das der Modellannahme widerspricht
3. … alle auf dem Markt angebotenen Güter die gleiche Qualität haben und einziger Maßstab für den Kauf eines Produktes die Höhe des Preises ist.	______________________ ______________________ ______________________ ______________________
4. … niemand aus persönlichen, räumlichen oder zeitlichen Gründen einen bestimmten Marktpartner (Geschäft oder Kunden) bevorzugt.	______________________ ______________________ ______________________ ______________________ ______________________

_____

6. Du bist Unternehmer/-in und hast eine Spielzeugfabrik. Deine Firma will ein nostalgisches, hölzernes Schaukelpferd auf den Markt bringen.

a) Welche Kostenarten musst du bei der Kalkulation des Preises für das Schaukelpferd berücksichtigen?

____

____

____ _____

b) Welche Kostenarten werden prozentual berechnet und warum?

____

____

____

____ _____

c) Was musst du ferner berücksichtigen, damit sich die Produktion des Schaukelpferdes für dich auch lohnt?

____

____

____ _____

Test/Lösungen: Markt und Marktgeschehen

Name: ______________ Klasse: _____ Datum: ________ Punkte

1. Nenne drei Arten von Märkten:

Automarkt, Wohnungsmarkt, Arbeitsmarkt ______

2. Welche beiden Parteien treffen auf einem Markt aufeinander?

Anbieter und Nachfrager ______

3. Welche Auswirkungen hat es auf den Preis für die jeweilige Ware, wenn

a) bestimmte Schuhe plötzlich total „in" sind:

Der Preis steigt. ______

b) jede Menge Sommerbekleidung angeboten wird und der Sommer kalt und verregnet ist:

Der Preis sinkt. ______

c) es ein gutes Spargeljahr ist, d. h. wenn es in der Haupterntezeit reichlich Spargel gibt?

Der Preis sinkt. ______

4. Warum sind Denkmodelle für den Wirtschaftslehreunterricht wichtig?

Mit Hilfe von Denkmodellen lassen sich wirtschaftliche Vorgänge vereinfacht darstellen. So kann man wesentliche Strukturen und Zusammenhänge besser verstehen. ______

**5. Du weißt, dass das Modell der idealen Preisbildung nur unter bestimmten Voraussetzungen funktioniert, wobei alle fünf Voraussetzungen erfüllt sein müssen. Deshalb ist die ideale Preisbildung in der Marktwirklichkeit eigentlich eine Ausnahme.
Schreibe zu folgenden Modellannahmen jeweils ein Beispiel, das zeigt, warum das Modell der idealen Preisbildung nur selten funktioniert.**

Der Preis bildet sich, wenn	Beispiel aus der Marktwirklichkeit, das der Modellannahme widerspricht
1. … viele Anbieter und Nachfrager in Konkurrenz stehen und keiner den Markt beherrscht.	Den Mineralölmarkt für Benzin und Heizöl beherrschen nur wenige große Mineralölkonzerne.
2. … alle Marktteilnehmer eine vollkommene Marktübersicht haben.	Den Markt z. B. für Regenschirme kann niemand überblicken.

______

Test/Lösungen: Markt und Marktgeschehen

Name: ______________ Klasse: _____ Datum: ________ Punkte

Der Preis bildet sich, wenn	Beispiel aus der Marktwirklichkeit, das der Modellannahme widerspricht
3. … alle auf dem Markt angebotenen Güter die gleiche Qualität haben und einziger Maßstab für den Kauf eines Produktes die Höhe des Preises ist.	Sven kauft zurzeit nur Turnschuhe einer bestimmten Marke.
4. … niemand aus persönlichen, räumlichen oder zeitlichen Gründen einen bestimmten Marktpartner (Geschäft oder Kunden) bevorzugt.	Herr Hallmann kauft seinen Videorekorder im Geschäft seines Schwagers, obwohl das Gerät dort teurer ist als im Großmarkt.

6. Du bist Unternehmer/-in und hast eine Spielzeugfabrik. Deine Firma will ein nostalgisches, hölzernes Schaukelpferd auf den Markt bringen.

a) Welche Kostenarten musst du bei der Kalkulation des Preises für das Schaukelpferd berücksichtigen?

Materialeinzelkosten, Materialgemeinkosten, Fertigungseinzelkosten, Fertigungsgemeinkosten, Verwaltungsgemeinkosten, Vertriebsgemeinkosten.

b) Welche Kostenarten werden prozentual berechnet und warum?

Die Gemeinkosten, weil man diese Kosten für das einzelne Produkt nicht berechnen kann, bildet man Prozentsätze, die auf der Grundlage von Erfahrungswerten errechnet werden.

c) Was musst du ferner berücksichtigen, damit sich die Produktion des Schaukelpferdes für dich auch lohnt?

einen Gewinn

III Entwicklung und Funktionen des Geldes

Didaktische Konzeption

Ausgehend von der historischen Entwicklung lernt der Schüler/die Schülerin die Aufgaben und Merkmale des Geldes kennen. Es werden der Aufbau und Fälschungssicherheitsmerkmale des Bargeldes, der heutigen Eurobanknoten und -münzen beschrieben. Ein erweiterter Medieneinsatz oder Internetrecherchen werden empfohlen um das Thema abzurunden. Anknüpfend an ihre Alltagserfahrungen, besonders beim Umgang mit Geld, erweitern die Schüler ihren Blickwinkel für moderne Zahlungsformen. Ergänzend zum Abschnitt „Der bargeldlose Zahlungsverkehr" werden im Aufgabenteil die Nutzung von aktiven Lernformen, wie der Test und die Erkundungen (Supermärkte, Fachmärkte, Sparkassen und Banken), angeboten. Sie tragen wesentlich zum intensiveren Erschließen der Inhalte bei. Zur Festigung des Wissens und der Anwendung der Kenntnisse aus dem Lernbereich ist der Einsatz von Arbeitsblättern in Form eines Schwedenrätsels und Lückentextes vorgesehen.

Lösungsvorschläge für die Aufgaben

Seite 49
Aufgabe 1

Individuelle Lösungen

→ *Arbeitsblatt: Geldarten (Seite 65)*
→ *Lösungsblatt: Geldarten (Seite 66)*

Seite 50
Aufgabe 1

Die Germanen hatten Probleme bei ihren Tauschgeschäften. So wusste man zum Beispiel nicht genau, was die einzelne Ware für einen Wert hatte. Außerdem hatten die Handwerker oft nicht für alle Tauschmittel Verwendung. Also musste man solange suchen, bis man jemanden zum Tauschen fand, der die gewünschte Ware anbot.

Aufgabe 2

Ein wesentlicher Vorteil des Warentausches ist die problemlose Abwicklung. Man tauscht die Dinge, die man übrig hat. Die Nachteile sind allerdings überwiegend: So kann kaum ein einheitlicher Wert festgelegt werden. Tauschobjekte sind oft auch nicht teilbar (z. B. eine Kuh), schnell verderbbar (z. B. Lebensmittel, Obst, Gemüse, Fische ...) und schlecht transportierbar (Baumstämme, erlegtes Wild usw.).

Aufgaben 3 und 4

Einteilung einiger Warengeldarten

Nutzgeld	**Schmuckgeld**
Teeziegel	Perlen
Salz	Bagi (Schmuckgeld aus Neu-Guinea)
Eisernes Wurfmesser (Kongo)	Kaurischnecken
	Muscheln

Aufgabe 5

Warengeld übernimmt die Funktion des Geldes. Warengeld hat die Bedeutung von Geld, da die Tauschobjekte selten (knapp) und somit von hohem Wert waren.

→ *Arbeitsblatt: Vom Tauschhandel zur Geldwirtschaft (Seite 67)*
→ *Lösungsblatt: Vom Tauschhandel zur Geldwirtschaft (Seite 68)*

Seite 51
Aufgabe 1

Bei den Lydern waren die Könige Krösus und Gyges berechtigt Münzen auszugeben. Mit ihrem aufgestempelten Siegel garantierten sie dafür, dass die Münzen immer von gleichbleibender Qualität waren.

Aufgabe 2

Die Herausgabe der Münzen war den jeweiligen Herrschern vorbehalten. Jeder konnte so viele Münzen herausgeben wie er brauchte und wollte. Das führte häufig zur Prägung von unterwertigen Münzen, wenn man sehr viel Geld brauchte. Die Münzen waren sehr leicht oder es wurde kein reines Gold oder Silber verwendet.

Seite 52
Aufgabe 1

Die Eurobanknoten wurden von den nationalen Zentralbanken im Auftrage der Europäischen Zentralbank herausgegeben. Ihr unterstellt sind alle nationalen Zentralbanken der Euro-Teilnehmerländer, die auch die Kosten für die Umstellung der Landeswährung auf die Eurobanknoten zu tragen hatten.
Falschgeld kann man von den echten Banknoten anhand folgender Merkmale unterscheiden:
Wasserzeichen, Durchsichtsregister, Stichtiefdruck, Sicherheitsfaden, Leuchtfasern und Spezialelemente (ein Hologramm bei den Scheinen über 50 Euro und als silbriger Streifen unter 50 Euro).

Aufgabe 2

Individuelle Lösungen

Aufgabe 3

Seit 1.1.2002 ist der Euro in folgenden 12 Ländern der Europäischen Union anerkanntes Zahlungsmittel: Deutschland, Spanien, Belgien, Niederlande, Italien, Frankreich, Irland, Luxemburg, Finnland, Griechenland, Portugal, Österreich.
Voraussetzung für die Aufnahme in den Stabilitätspakt war die Erfüllung der Konvergenzkriterien: Preisstabilität, Staatsverschuldung, Zinsniveau, Stabilität der Wechselkurse (Konvergenz: Annäherung, Übereinstimmung)
(Schweden, Großbritannien und Dänemark sind auf eigenen Wunsch vorerst nicht mit dabei).

Seite 53
Aufgabe 1

Die Einführung des Euro war ein langwieriger Prozess. Vorausgegangen waren etliche Etappen in der Entwicklung bis hin zur Einführung im Jahre 2002. Die grundlegende Festschreibung der Vorgehensweise bei der Vorbereitung, der Einführung der neuen Währung usw. ist im Maastricher Vertrag von 1997 festgeschrieben.

Aufgabe 2

Würden wir alle sich im Umlauf befindlichen Geldscheine (ca. 12 Millionen Eurobanknoten) übereinander legen, so würde das eine Stapelhöhe von 1200 km ergeben.

Seite 55

→ *Arbeitsblatt: Marina überweist einen Rechnungsbetrag (Seite 69)*
→ *Lösungsblatt: Marina überweist einen Rechnungsbetrag (Seite 70)*

Seite 56
Aufgabe 1

Electronic cash ist eine bargeldlose Zahlungsart über vollautomatische Kassen, die im Moment hauptsächlich im Handel und an Tankstellen genutzt wird. An solchen Kassen können EC-Karteninhaber sowie teilweise auch Besitzer von Bankkundenkarten mit ihrer Karte und den persönlichen Geheimnummer (PIN) ihre Rechnung bzw. die Zahlung der Ware begleichen. Da für die Installation bzw. Betreibung solcher Kassen sehr hohe Kosten für den Geschäftsinhaber anfallen, wird diese Zahlungsvariante vorerst dort eingesetzt, wo sich diese Anschaffung umsatzmäßig lohnt und somit auch bezahlbar macht. Des Weiteren haben viele Großmärkte und Tankstellen aus Sicherheitsgründen auf dieses System umgestellt. Überfälle lohnen sich somit nicht, da kaum noch Bargeld in den Kassen vorhanden ist. Außerdem braucht man die Einnahmen des Tages am Abend nicht zu einem Schließfach in die Bank bringen. Zahlungen durch Electronic cash haben weitere Vorteile, nämlich die leichte „Transportierbarkeit" und man kann auf dem Kontoauszug neben dem Abbuchungsbetrag genau erkennen wann und wo die Zahlung stattgefunden hat.

Aufgabe 2 und 3 — Individuelle Lösungen

Seite 59
Aufgabe 1

Im Zusammenhang mit der Nutzung des Girokontos fallen oft folgende Begriffe:
SCHUFA: ist eine unabhängige Einrichtung und bedeutet Schutzgemeinschaft für allgemeine Kreditsicherung.
Legitimation: bedeutet laut BGB Nachweis der Empfangsberechtigung, Befugnis. Sie ist notwendig um z. B. ein Girokonto bei der Bank einzurichten. Die Legitimation kann durch die Vorlage des Reisepasses oder des Ausweises erfolgen.
Kontokorrentkonto: ist ein anderer Begriff für ein laufendes Konto.

Aufgabe 2

Girokonten sind aus dem Alltag der privaten Haushalte nicht mehr weg zu denken. So können z. B. Löhne und Gehälter durch den Arbeitgeber überwiesen, Miete, Versicherungen per Dauerauftrag bzw. per Lastschrift eingezogen werden. Ebenfalls bildet das Girokonto die Voraussetzung für viele Dienstleistungen der Banken (bargeldloser Zahlungsverkehr, das Führen des Kontos, termingerechte Abwicklung von Zahlungen usw.).
Bei der Eröffnung des Girokontos müssen zur Sicherheit des Kunden und der Banken verschiedene Formalitäten erfüllt werden.
So muss als erstes ein Antragsformular ausgefüllt werden. Der Antrag enthält Angaben zur Person wie Name, Vorname, Adresse, Beruf, Familienstand, Geburtsdatum, Telefonnummer usw. Des Weiteren muss sich der Antragsteller legitimieren, damit mit den Konten kein Missbrauch getrieben werden kann.
Bei Minderjährigen muss der gesetzliche Vertreter (in der Regel die Eltern) das Einverständnis geben.
Danach müssen zur Sicherheit verschiedene Unterschriftsproben geleistet werden. Die Übereinstimmung der Unterschriften mit der auf der Geldkarte ist zwingend notwendig.

Aufgabe 3

Jugendgirokonten werden von den Banken und Sparkassen oft zu Sonderkonditionen angeboten, um Jugendliche und Auszubildende beim Umgang mit Geld zu unterstützen. Solch ein Konto kann mit der Genehmigung des Erziehungsberechtigten in den meisten Fällen ab dem 12. Lebensjahr eingerichtet werden und gilt über den Verlauf der Ausbildung bis zum 21. Lebensjahr. In Ausnahmefällen, wie z. B. bei Studenten unter Nachweis der Ausbildungsbescheinigung, auch darüber hinaus.
Solche Sonderbedingungen bzw. Vorteile für den Kontoinhaber sind: Gebührenfreiheit, bis zu einem bestimmten Betrag (meist bis 1.500 Euro) werden sogar noch Zinsen gezahlt. Im Moment liegt der Zinssatz bei ungefähr 2% pro Jahr. Die Geldkartennutzungsgebühr entfällt ebenfalls.

Seite 60
Aufgabe 1

Individuelle Lösungen

Aufgabe 2

Vorteile des Bezahlens mit EC-Karte:
- Man kann jederzeit Waren kaufen und bezahlen.
- Über die EC-Karte kann man sich auch im Ausland mit Bargeld versorgen.

Nachteile des Bezahlens mit EC-Karte
- Man gibt leichter und evtl. leichtsinniger Geld aus.
- Die Übersicht über den aktuellen Kontostand geht verloren.

→ *Arbeitsblatt: Schwedenrätsel „Der Geld- und Zahlungsverkehr“ (Seite 71)*
→ *Lösungsblatt: Schwedenrätsel „Der Geld- und Zahlungsverkehr“ (Seite 72)*
→ *Arbeitsblatt: Lückentext zum Thema: Die Rolle des Geldes als Mittel zur Beschaffung von Gütern (Seite 73)*
→ *Lösungsblatt: Lückentext zum Thema: Die Rolle des Geldes als Mittel zur Beschaffung von Gütern (Seite 74)*

Arbeitsblatt: Entwicklung und Funktionen des Geldes

Geldarten

In der Geschichte haben Menschen Vieh, Salz, Muscheln, Gold, Silber usw. als Geld benutzt. Entscheide mit Hilfe der Tabelle, ob diese Materialien für alle Geldfunktionen geeignet waren. Vergib dabei „Noten":
0 = Anforderungen nicht erfüllt
1 = Anforderungen erfüllt
2 = Anforderungen gut erfüllt
3 = Anforderungen sehr gut erfüllt.

Geldart	Geldfunktion			
	Tauschmittel	**Zahlungsmittel**	**Recheneinheit**	**Wertaufbewahrungsmittel**
lebendes Vieh				
Muscheln				
Häute				
Salz				
Zigaretten				
Eisen				
Silber				
Gold				

Begründe für „lebendes Vieh" und „Gold" deine Entscheidung.

1.

____

____

____

____

____

____

____

2.

____

____

____

____

____

____

____

Lösungsblatt: Entwicklung und Funktionen des Geldes

Geldarten

In der Geschichte haben Menschen Vieh, Salz, Muscheln, Gold, Silber usw. als Geld benutzt. Entscheide mit Hilfe der Tabelle, ob diese Materialien für alle Geldfunktionen geeignet waren. Vergib dabei „Noten“:

0 = Anforderungen nicht erfüllt
1 = Anforderungen erfüllt
2 = Anforderungen gut erfüllt
3 = Anforderungen sehr gut erfüllt.

Geldart	Geldfunktion			
	Tauschmittel	**Zahlungsmittel**	**Recheneinheit**	**Wertaufbewahrungsmittel**
lebendes Vieh	1	1	0	0
Muscheln	1	1	1	1
Häute	1	1	1	1
Salz	1	1	0	0
Zigaretten	1	1	1	1
Eisen	1	1	1	1
Silber	2	2	2	2
Gold	3	3	3	3

Begründe für „lebendes Vieh“ und „Gold“ deine Entscheidung.

1.

a) Vieh ist kein besonders gutes Tauschmittel, da es nicht geteilt werden kann, wenn es um geringwertigere Güter geht.

b) Es ist nicht gesagt, dass jeder eine bestimmte Sorte Vieh akzeptiert.

c) Z. B. hat nicht jedes Pferd gleichen Wert, so dass man über den Wertmaßstab streiten kann.

d) Da Vieh krank werden oder sterben kann, eignet es sich nicht als Aufbewahrungsmittel.

2.

a) Gold lässt sich in beliebig kleine Einheiten teilen, man kann also auch geringwertige Güter damit tauschen.

b) Da Gold einen hohen Warenwert besitzt, ist es als Zahlungsmittel akzeptiert.

c) Der Wert von Gold ist in der Regel sehr konstant, es eignet sich daher sehr gut als Wertmaßstab.

d) Wegen des Warenwertes und der Haltbarkeit eignet es sich sehr gut als Wertaufbewahrungsmittel.

Arbeitsblatt: Entwicklung und Funktionen des Geldes

Vom Tauschhandel zur Geldwirtschaft

1. Erkläre, was Stückelung bedeutet.

____

____

____

2. Warum ist dies bei Barzahlung eine wichtige Dienstleistung?

____

____

____

____

____

____

____

Lösungsblatt: Entwicklung und Funktionen des Geldes

Vom Tauschhandel zur Geldwirtschaft

1. Erkläre, was Stückelung bedeutet.

Stückelung bedeutet, dass große Geldscheine in kleinere oder Geldscheine in Münzen umgetauscht werden.

2. Warum ist dies bei Barzahlung eine wichtige Dienstleistung?

Stückelung ist für Handelsgeschäfte, bei denen noch viel bar bezahlt wird, wichtig, denn sie müssen häufig Wechselgeld herausgeben, da die Kunden selten mit genau abgezähltem Geld bezahlen. Ohne diese Bankleistung müssten die Geschäfte einen großen Vorrat an Kleingeld bereit halten. Dies ist risikoreich und mit Verlusten verbunden, denn mit diesem Geld kann nicht gearbeitet werden.

Arbeitsblatt: Entwicklung und Funktionen des Geldes

Marina überweist einen Rechnungsbetrag

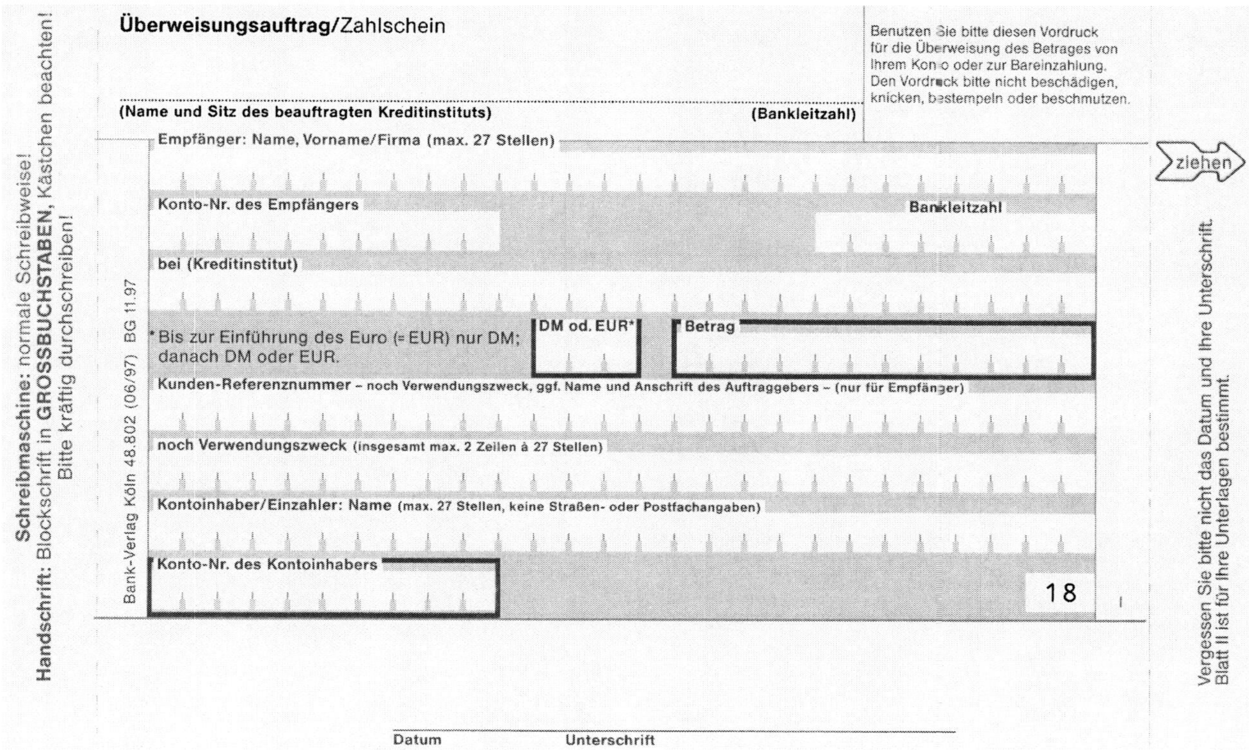

Schreibmaschine: normale Schreibweise!
Handschrift: Blockschrift in GROSSBUCHSTABEN, Kästchen beachten!
Bitte kräftig durchschreiben!

Überweisungsauftrag/Zahlschein

Benutzen Sie bitte diesen Vordruck für die Überweisung des Betrages von Ihrem Konto oder zur Bareinzahlung. Den Vordruck bitte nicht beschädigen, knicken, bestempeln oder beschmutzen.

(Name und Sitz des beauftragten Kreditinstituts) (Bankleitzahl)

Empfänger: Name, Vorname/Firma (max. 27 Stellen)

Konto-Nr. des Empfängers

Bankleitzahl

bei (Kreditinstitut)

*Bis zur Einführung des Euro (= EUR) nur DM; danach DM oder EUR.

DM od. EUR*

Betrag

Kunden-Referenznummer – noch Verwendungszweck, ggf. Name und Anschrift des Auftraggebers – (nur für Empfänger)

noch Verwendungszweck (insgesamt max. 2 Zeilen à 27 Stellen)

Kontoinhaber/Einzahler: Name (max. 27 Stellen, keine Straßen- oder Postfachangaben)

Konto-Nr. des Kontoinhabers

18

ziehen

Bank-Verlag Köln 48.802 (06/97) BG 11.97

Vergessen Sie bitte nicht das Datum und Ihre Unterschrift.
Blatt II ist für Ihre Unterlagen bestimmt.

Datum Unterschrift

Marina Wiesner hat einige Bücher in ihrer Buchhandlung bestellt.
Den Rechnungsbetrag soll sie überweisen.

Fülle den Überweisungsauftrag mit den folgenden Angaben aus, aber Achtung: Es sind einige Begriffe genannt, die mit der Überweisung nichts zu tun haben.

Marinas Bank: Sparkasse Gelsenkirchen; Rechnungsnummer der Rechnung der Buchhandlung: 78910; Kontonummer von Marinas Vater; Kontonummer der Buchhandlung: 98765, BLZ von Marinas Bank: 80050000; Name der Bank der Buchhandlung: Eurobank Dortmund; Rechnungsbetrag 84,50 Euro; Marinas Anschrift und Telefonnummer; Marinas Kontonummer: 123456; Datum und Unterschrift der Buchhandlung; BLZ der Buchhandlung: 25050000; Datum und Unterschrift Marinas; Kontonummer der Buchhandlung: 9876543, Name der Buchhandlung: Martin Groß

Lösungsblatt: Entwicklung und Funktionen des Geldes

Marina überweist einen Rechnungsbetrag

Schreibmaschine: normale Schreibweise!
Handschrift: Blockschrift in GROSSBUCHSTABEN, Kästchen beachten!
Bitte kräftig durchschreiben!

Überweisungsauftrag/Zahlschein

Benutzen Sie bitte diesen Vordruck für die Überweisung des Betrages von Ihrem Konto oder zur Bareinzahlung. Den Vordruck bitte nicht beschädigen, knicken, bestempeln oder beschmutzen.

Sparkasse Gelsenkirchen — 80050000
(Name und Sitz des beauftragten Kreditinstituts) (Bankleitzahl)

ziehen

Empfänger: Name, Vorname/Firma (max. 27 Stellen)
Buchhandlung

Konto-Nr. des Empfängers: 9876543
Bankleitzahl: 25050000

bei (Kreditinstitut): Eurobank Dortmund

*Bis zur Einführung des Euro (= EUR) nur DM; danach DM oder EUR.
DM od. EUR*: EUR
Betrag: 84,50

Kunden-Referenznummer – noch Verwendungszweck, ggf. Name und Anschrift des Auftraggebers – (nur für Empfänger)
Rechnungsnummer 78910

noch Verwendungszweck (insgesamt max. 2 Zeilen à 27 Stellen)

Kontoinhaber/Einzahler: Name (max. 27 Stellen, keine Straßen- oder Postfachangaben)
Marina Wiesner

Konto-Nr. des Kontoinhabers: 123456

18

Bank-Verlag Köln 48.802 (06/97) BG 11.97

06.10....
Datum Unterschrift

Vergessen Sie bitte nicht das Datum und Ihre Unterschrift.
Blatt II ist für Ihre Unterlagen bestimmt.

Marina Wiesner hat einige Bücher in ihrer Buchhandlung bestellt.
Den Rechnungsbetrag soll sie überweisen.

Fülle den Überweisungsauftrag mit den folgenden Angaben aus, aber Achtung: Es sind einige Begriffe genannt, die mit der Überweisung nichts zu tun haben.

Marinas Bank: Sparkasse Gelsenkirchen; Rechnungsnummer der Rechnung der Buchhandlung: 78910; Kontonummer von Marinas Vater; Kontonummer der Buchhandlung: 98765, BLZ von Marinas Bank: 80050000; Name der Bank der Buchhandlung: Eurobank Dortmund; Rechnungsbetrag 84,50 Euro; Marinas Anschrift und Telefonnummer; Marinas Kontonummer: 123456; Datum und Unterschrift der Buchhandlung; BLZ der Buchhandlung: 25050000; Datum und Unterschrift Marinas; Kontonummer der Buchhandlung: 9876543, Name der Buchhandlung: Martin Groß

Arbeitsblatt: Entwicklung und Funktionen des Geldes

Schwedenrätsel

1. Finde die 12 versteckten Fachbegriffe zum Thema: „Der Geld- und Zahlungsverkehr“. Sie sind waagerecht, senkrecht und diagonal angeordnet.
2. Trage sie in die unten vorbereiteten Leerfelder ein.
3. Erläutere mit deinem Banknachbarn abwechselnd diese Begriffe.

1	*2*	*3*	*4*	*5*	*6*	*7*	*8*	*9*	*10*	*11*	*12*	*13*	*14*	*15*
2	T	W	A	R	E	N	G	E	L	D	B	B	T	J
3	Z	R	Ä	H	J	G	K	D	V	B	A	N	M	S
4	G	E	F	H	E	U	R	O	M	Ü	N	Z	E	N
5	U	E	A	S	R	W	O	D	N	G	K	Z	H	B
6	I	S	L	B	R	U	K	S	T	T	N	D	F	W
7	O	Ä	S	D	Ä	Ü	N	A	C	Q	O	H	M	D
8	O	F	C	T	K	U	N	G	Ü	H	T	Ä	Ö	M
9	S	C	H	U	F	A	T	I	E	U	E	K	Ö	M
10	P	T	G	Z	J	M	R	D	S	N	N	C	P	E
11	L	G	E	T	J	B	F	T	Q	R	T	N	K	D
12	Ö	T	L	Ü	B	E	R	W	E	I	S	U	N	G
13	Ä	T	D	H	H	J	I	T	D	W	Q	Y	X	V
14	M	H	O	M	E	B	A	N	K	I	N	G	V	Y
15	Z	A	H	L	U	N	G	S	M	I	T	T	E	L

1. ____________________
2. ____________________
3. ____________________
4. ____________________
5. ____________________
6. ____________________
7. ____________________
8. ____________________
9. ____________________
10. ____________________
11. ____________________
12. ____________________

Lösungsblatt: Entwicklung und Funktionen des Geldes

Schwedenrätsel

1. Finde die 12 versteckten Fachbegriffe zum Thema: „Der Geld- und Zahlungsverkehr". Sie sind waagerecht, senkrecht und diagonal angeordnet.
2. Trage sie in die unten vorbereiteten Leerfelder ein.
3. Erläutere mit deinem Banknachbarn abwechselnd diese Begriffe.

1	*2*	*3*	*4*	*5*	*6*	*7*	*8*	*9*	*10*	*11*	*12*	*13*	*14*	*15*
2	T	W	A	R	E	N	G	E	L	D	B	B	T	J
3	Z	R	Ä	H	J	G	K	D	V	B	A	N	M	S
4	G	E	F	H	E	U	R	O	M	Ü	N	Z	E	N
5	U	E	A	S	R	W	O	D	N	G	K	Z	H	B
6	I	S	L	B	R	U	K	S	T	T	N	D	F	W
7	O	Ä	S	D	Ä	Ü	N	A	C	Q	O	H	M	D
8	O	F	C	T	K	U	N	G	Ü	H	T	Ä	Ö	M
9	S	C	H	U	F	A	T	I	E	U	E	K	Ö	M
10	P	T	G	Z	J	M	R	D	S	N	N	C	P	E
11	L	G	E	T	J	B	F	T	Q	R	T	N	K	D
12	Ö	T	L	Ü	B	E	R	W	E	I	S	U	N	G
13	Ä	T	D	H	H	J	I	T	D	W	Q	Y	X	V
14	M	H	O	M	E	B	A	N	K	I	N	G	V	Y
15	Z	A	H	L	U	N	G	S	M	I	T	T	E	L

1. Homebanking
2. Banknoten
3. Euromünzen
4. Konto
5. Scheck
6. Falschgeld
7. Geldkarte
8. Überweisung
9. Zahlungsmittel
10. SCHUFA
11. Warengeld
12. Währungen

Arbeitsblatt: Entwicklung und Funktionen des Geldes

Lückentext zum Thema: Die Rolle des Geldes als Mittel zur Beschaffung von Gütern

Setze folgende Begriffe in den Lückentext ein, so dass ein sinnvoller Inhalt zum Thema entsteht:

Alltag, aufbewahren, Banknoten, Bezeichnungen, Brocken, Kaufleute, Knappheit, Kreuzer, Lyder, Markierungen, Papiergeldes, Quittungen, seltene, Sicherheit, Sprichwort, Stater, Tauschobjekte, Vorläufer, Waren, Warengeld, Wertbeständigkeit, Zahlungsmittel

Ein altes ______________ sagt: „Ohne Moos ist nix los". Das hat jeder von euch mit Sicherheit schon einmal zu spüren bekommen. In unserem ______________ drehen sich nämlich sehr viele Dinge um das Geld, da es über solche vorteilhaften Eigenschaften wie hohe ______________, problemlose Transportierbarkeit und leichte Teilbarkeit verfügt. Es ist allgemein anerkannt, und wir können es leicht ______________ und es ist selten im Übermaß da. Wenn wir die Geschichte des Bargeldes betrachten, können wir feststellen, dass es noch nicht immer die Form von Münzen und Scheinen hatte. Anfänglich wurden nur ______________ gegen Waren getauscht, wie z. B. Fleisch gegen Speerspitzen. Später nahm man ______________ Dinge zur Bezahlung von Waren. Ihre ______________ bestimmte den Wert. Beliebte ______________ waren zu dieser Zeit Perlen, Muscheln, Salz usw. Diese Geldform wurde ______________ genannt. Später setzten sich in vielen Ländern Gold und Silber als ______________ durch. Metallstücke wurden von einem größeren ______________ abgehackt und gewogen, oder man nahm die kleinen bohnenförmigen Stückchen, die man in Flüssen fand. Um sich nun das andauernde Wiegen und Prüfen der Feinheiten zu ersparen, schlugen die ______________ unnachahmbare ______________ in ihre Gold- und Silberstücke. Nach dem heutigen Stand unseres Wissens waren es die ______________, die gegen Ende des 8. Jahrhunderts vor Christi auf die umwälzende Idee kamen, aus Metall Münzen, die so genannten ______________ zu prägen. Die Entstehung des ______________ geht auf das Ende des 16. Jahrhunderts zurück. Schwedische Geldwechsler entwickelten aus ______________ für hinterlegtes Münzgeld die so genannten „Noten", die ______________ der heutigen Banknoten. In den unterschiedlichen Regionen gab es nun Geld mit unterschiedlichen ______________ und Wertmaßstäben. So sind der Gulden, der Taler, der ______________, der Heller und der Batzen heute noch bekannte Begriffe. Die Münzen und ______________ haben sich im Aussehen, in der ______________ und im Material und Verbraucherschutz ständig weiter entwickelt. Wie ihr also erkennen könnt, war es bis zum heutigen Eurogeld ein sehr langer Weg.

Lösungsblatt: Entwicklung und Funktionen des Geldes

Lückentext zum Thema: Die Rolle des Geldes als Mittel zur Beschaffung von Gütern

Setze folgende Begriffe in den Lückentext ein, so dass ein sinnvoller Inhalt zum Thema entsteht:

Alltag, aufbewahren, Banknoten, Bezeichnungen, Brocken, Kaufleute, Knappheit, Kreuzer, Lyder, Markierungen, Papiergeldes, Quittungen, seltene, Sicherheit, Sprichwort, Stater, Tauschobjekte, Vorläufer, Waren, Warengeld, Wertbeständigkeit, Zahlungsmittel

Ein altes Sprichwort sagt: „Ohne Moos ist nix los". Das hat jeder von euch mit Sicherheit schon einmal zu spüren bekommen. In unserem Alltag drehen sich nämlich sehr viele Dinge um das Geld, da es über solche vorteilhaften Eigenschaften wie hohe Wertbeständigkeit, problemlose Transportierbarkeit und leichte Teilbarkeit verfügt. Es ist allgemein anerkannt, und wir können es leicht aufbewahren und es ist selten im Übermaß da. Wenn wir die Geschichte des Bargeldes betrachten, können wir feststellen, dass es noch nicht immer die Form von Münzen und Scheinen hatte. Anfänglich wurden nur Waren gegen Waren getauscht, wie z. B. Fleisch gegen Speerspitzen. Später nahm man seltene Dinge zur Bezahlung von Waren. Ihre Knappheit bestimmte den Wert. Beliebte Tauschobjekte waren zu dieser Zeit Perlen, Muscheln, Salz usw. Diese Geldform wurde Warengeld genannt. Später setzten sich in vielen Ländern Gold und Silber als Zahlungsmittel durch. Metallstücke wurden von einem größeren Brocken abgehackt und gewogen, oder man nahm die kleinen bohnenförmigen Stückchen, die man in Flüssen fand. Um sich nun das andauernde Wiegen und Prüfen der Feinheiten zu ersparen, schlugen die Kaufleute unnachahmbare Markierungen in ihre Gold- und Silberstücke. Nach dem heutigen Stand unseres Wissens waren es die Lyder, die gegen Ende des 8. Jahrhunderts vor Christi auf die umwälzende Idee kamen, aus Metall Münzen, die so genannten Stater zu prägen. Die Entstehung des Papiergeldes geht auf das Ende des 16. Jahrhunderts zurück. Schwedische Geldwechsler entwickelten aus Quittungen für hinterlegtes Münzgeld die so genannten „Noten", die Vorläufer der heutigen Banknoten. In den unterschiedlichen Regionen gab es nun Geld mit unterschiedlichen Bezeichnungen und Wertmaßstäben. So sind der Gulden, der Taler, der Kreuzer, der Heller und der Batzen heute noch bekannte Begriffe. Die Münzen und Banknoten haben sich im Aussehen, in der Sicherheit und im Material und Verbraucherschutz ständig weiter entwickelt. Wie ihr also erkennen könnt, war es bis zum heutigen Eurogeld ein sehr langer Weg.

Arbeitsblatt: Entwicklung und Funktionen des Geldes

Fachwissentest

Finde sechs Begriffe zum Thema „Der Geld- und Zahlungsverkehr" und trage sie in die einzelnen Segmente der Raupe ein.

Beachte: Der Endbuchstabe des Vorläuferwortes soll gleichzeitig den Anfangsbuchstaben des neuen Wortes bilden.

Die Anfangs- bzw. Endbuchstaben sollen dabei farbig markiert und in die ineinandergreifenden Teile eingetragen werden.

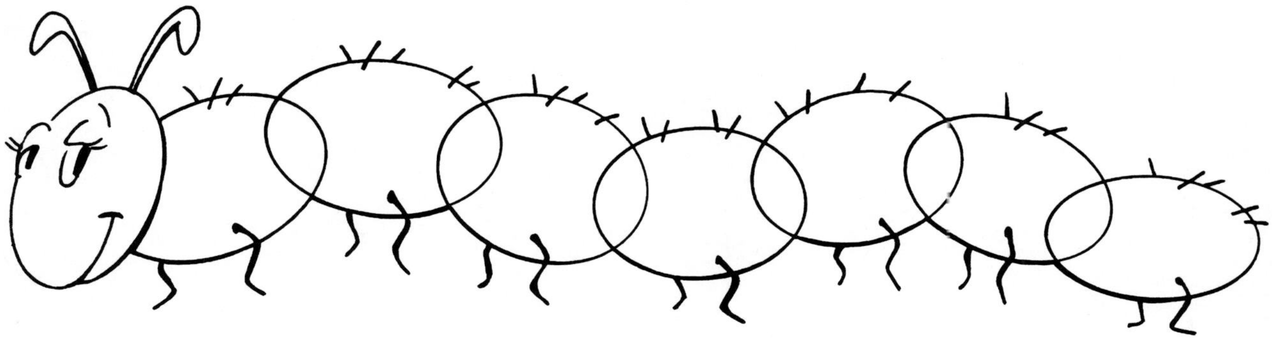

Lösungsblatt: Entwicklung und Funktionen des Geldes

Fachwissentest

Finde sechs Begriffe zum Thema „Der Geld- und Zahlungsverkehr" und trage sie in die einzelnen Segmente der Raupe ein.

Beachte: Der Endbuchstabe des Vorläuferwortes soll gleichzeitig den Anfangsbuchstaben des neuen Wortes bilden.

Die Anfangs- bzw. Endbuchstaben sollen dabei farbig markiert und in die ineinandergreifenden Teile eingetragen werden.

Zum Beispiel:

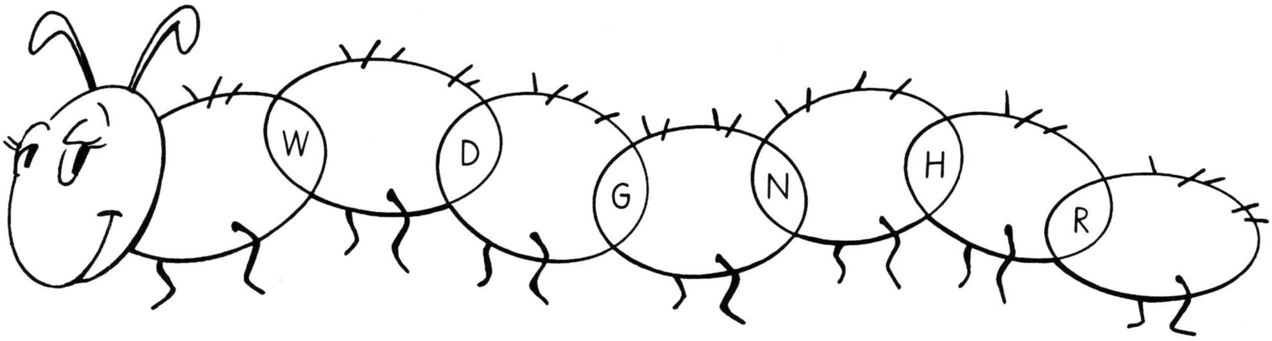

Warengeld Dauerauftrag Girokonten Naturaltausch Heller Reisescheck

Warengel Dauerauftra Girokonte Naturaltausc Helle Reiseschec

Test: Entwicklung und Funktionen des Geldes

Name: ______________________ Klasse: _____ Datum: ________ Punkte

1. Welche Funktionen hat das Geld?

____

____

____

____ /4

2. Nenne die Eigenschaften des Geldes.

____

____

____

____

____ /5

3. Welche Sicherheitsmerkmale weisen die Euro-Banknoten auf?

____

____

____

____

____ /5

4. Beschreibe die Schritte, die zum Einrichten eines Girokontos notwendig sind.

____

____

____

____

____

____

____

____

____

____

____

____

____ /10

Test: Entwicklung und Funktionen des Geldes

Name: ______________________ Klasse: _____ Datum: _________ Punkte

5. Trage in die Kästchen die Arbeitsschritte zum Überweisen von Geldbeträgen per Computer in der richtigen Reihenfolge ein. Achtung: Zwei Begriffe gehören nicht dazu!
PIN-Eingabe, TAN-Eingabe, Passworteingabe, Kontonummerneingabe,
Eingabe des Geldbetrages und der Empfängerdaten, Bargeldentnahme,
Programm aufrufen,Funktion wählen, Computer starten, Überprüfung,
Geldkarte einführen, Absenden/Ausführung des Auftrages

Homebanking
↓
______________________ ______
↓
______________________ ______
↓
______________________ ______
↓
______________________ ______
↓
______________________ ______
↓
______________________ ______
↓
______________________ ______
↓
______________________ ______
↓
______________________ ______
↓
______________________ ______ /10

Test/Lösungen: Entwicklung und Funktionen des Geldes

Name: ______________ Klasse: _____ Datum: ________ Punkte

1. Welche Funktionen hat das Geld?

- Recheneinheit
- Tauschmittel
- Wertaufbewahrungsmittel
- Zahlungsmittel

/4

2. Nenne die Eigenschaften des Geldes.

- allgemein anerkannt
- wertbeständig
- teilbar
- leicht aufbewahrbar
- leicht transportierbar

/5

3. Welche Sicherheitsmerkmale weisen die Euro-Banknoten auf?

- Stichtiefdruck/Tastzeichen
- Leuchtfasern
- Sicherheitsfaden
- Spezialfolienelemente/Hologramme auf Banknoten über 50 Euro
- Wasserzeichen

/5

4. Beschreibe die Schritte, die zum Einrichten eines Girokontos notwendig sind.

Ausfüllung eines Antrages: Im Antrag werden Angaben zur Person des Antragsstellers festgehalten, wie z.B. Name, Adresse, Geburtsdatum, Beruf, Familienstand

Legitimation: Hierbei werden in den meisten Fällen der Personalausweis oder Pass zur Identifikation des Kunden benötigt.

Einverständniserklärung: Bei Minderjährigen muss der gesetzliche Vertreter das schriftliche Einverständnis zur Kontoeröffnung geben.

Unterschriftsproben: Zur Sicherheit des Kunden müssen Unterschriftsproben auf dem Antrag hinterlegt werden um im Zweifelsfalle mit der Geldkarte, mit Schecks oder Auszahlungsformularen verglichen werden zu können.

SCHUFA-Einverständniserklärung: Um den Kunden vor Überschuldung zu schützen enthält jeder Kontoeröffnungsantrag diese Einverständniserklärung als Zusatz.

/10

Test/Lösungen: Entwicklung und Funktionen des Geldes

Name: ____________________ Klasse: _____ Datum: ________ Punkte

5. Trage in die Kästchen die Arbeitsschritte zum Überweisen von Geldbeträgen per Computer in der richtigen Reihenfolge ein. Achtung: Zwei Begriffe gehören nicht dazu!
PIN-Eingabe, TAN-Eingabe, Passworteingabe, Kontonummerneingabe, Eingabe des Geldbetrages und der Empfängerdaten, Bargeldentnahme, Programm aufrufen,Funktion wählen, Computer starten, Überprüfung, Geldkarte einführen, Absenden/Ausführung des Auftrages

Homebanking

↓

Computer starten ______

↓

Passworteingabe ______

↓

Programm aufrufen ______

↓

Kontonummerneingabe ______

↓

PIN-Eingabe ______

↓

Funktion wählen (Kontostand, Überweisung ...) ______

↓

Eingabe des Geldbetrages und der Empfängerdaten ______

↓

Überprüfung ______

↓

TAN-Eingabe ______

↓

Absenden/Ausführung des Auftrages ______ */10*

IV Produktion, technischer Fortschritt, Strukturwandel

Didaktische Konzeption

Die Leistungs- und Entwicklungsfähigkeit einer Volkswirtschaft hängt davon ab, wie der technische Fortschritt und der damit häufig verbundene Strukturwandel einschließlich der Auswirkungen auf alle Lebensbereiche bewältigt werden kann.

Das Kapitel ist wie folgt gegliedert:
In einem ersten Schritt wird untersucht, wie Technik alle Lebensbereiche verändert und zwar nicht nur im Betrieb, sondern sie hat auch Einfluss auf die privaten Haushalte und die Freizeit des Menschen.

Zweitens wird aufgezeigt, dass der technische Wandel generell erheblichen Einfluss auf die Menschen und die Gesellschaft hat.

In einem dritten Schritt geht es darum, die Erscheinungsformen des technischen Fortschritts näher zu untersuchen. Das geschieht am Beispiel der Informations- und Kommunikationstechnik.

In einem letzten Schritt werden die Auswirkungen der Mikroelektronik auf Unternehmer und Arbeitnehmer untersucht und in ihrer praktischen Anwendung, z. B. von neuen Informations und Kommunikationstechnologien in der Wirtschaft, aufgezeigt.

Lösungsvorschläge zu den Aufgaben

Seite 64
Aufgabe 1

Es können die Fragen bzw. die zu Fragen umformulierten Merkmale der Stellenbeschreibung dieser Seite genommen werden. Darüber hinaus kann gefragt werden:

- Mit welchen Materialien (Werkstoffen) wird gearbeitet?
- Wie werden die Arbeitsaufgaben gestellt?
- Mit welchen Werkzeugen und Maschinen wird gearbeitet?
- Welchen Umgebungseinflüssen ist die Arbeitsperson ausgesetzt?

Aufgabe 2

Verschärfte Umweltgesetzte verlangen, dass sie bei der Arbeit beachtet werden müssen. D. h., die Anforderungen an Genauigkeit und Korrektheit steigen. Ein Nichtbeachten kann für das Unternehmen ernste Konsequenzen haben, wie z. B. Strafzahlungen oder sogar Tätigkeitsverbote. Umweltgesetze regeln beispielsweise die Entsorgung von Kfz oder bei Kfz anfallende Abfällen, wie z. B. Öl oder Farben.

Aufgabe 3

Es ist zu erkennen, dass eine Reparatur in einer Werkstatt durchgeführt wird. Es sind die Arbeitsmittel zu erkennen.

→ *Arbeitsblatt: Arbeitsplatzerkundung (Seite 87)*
→ *Arbeitsblatt: Erkundungsbogen (Seite 88)*
→ *Arbeitsblatt: Erkundung eines Betriebes (Seite 89)*

Seite 67
Aufgabe 1

Individuelle Lösungen; z. B. Firmen, die Nutzfahrzeuge, Gabelstapler, Werkzeugmaschinen usw. anbieten.

Aufgabe 2

Man baut Rohstoffe ab und veredelt sie meist auf mehreren Stufen mit Hilfe von Werkzeugen und Maschinen um diese neuen Produkte für den Konsum bereitzustellen. Ohne diesen Endzweck wäre alle Arbeit sinnlos.

Kartoffelanbau – Transport in eine Kartoffelchipsfabrik – Aufbereitung (in mehreren Arbeitsgängen) zu Chips – Transport zum Supermarkt – Angebot im Supermarkt

Getreideanbau – Transport zur Mühle – Getreide wird zu Mehl gemahlen – Mehlgroßhandel – Bäckerei – Verkauf

Steinkohleabbau – Transport in ein Kohlekraftwerk – Verstromung – Stromtransport zum Kunden

(ohne den jeweiligen Transport): Erzabbau – Verhüttung – Verarbeitung zu Feinblech – Automobilfabrik (Verarbeitung mit vielen anderen Zubehörteilen) – Automobilhandel

Aufgabe 3

Personalleasingfirmen, Schaufenstergestaltung, Industriereinigung, Rechtsanwalt für Gesellschaftsrecht.

Seite 68
Aufgabe 1

1. Unternehmer bzw. Betriebsleiter
2. Arbeitnehmer
3. Anwohner in der Nähe eines Produktionsbetriebes
4. Bürgermeister einer Stadt bzw. einer Gemeinde
5. Unternehmer

→ *Arbeitsblatt: Das Unternehmen in der Gesellschaft (Seite 90)*
→ *Lösungsblatt: Das Unternehmen in der Gesellschaft (Seite 91)*

Seite 70
Aufgabe 1

Das Unternehmen musste die Zielsetzung Wirtschaftlichkeit und Kostenersparnis durch eine preisgünstige Entsorgung der Ölplattform verändern. Dies geschah durch den Druck der Öffentlichkeit (Berichterstattung in den Medien und Konsumentenreaktionen, die darin bestanden, dass bei Shell nicht mehr getankt wurde).

Aufgabe 2

Fast alle Umstellungen auf ökologische Produktion sind über die öffentliche Meinung, die manchmal auch gesetzliche Bestimmungen anregte, erfolgt. Beispiele: Mehrwegverpackungen, Recyclingpapier.

Seite 71
Aufgabe 1

In vielen Supermärkten wird Frischmilch angeboten, die in Flaschen abgefüllt werden kann. Kunden verlangen von Verlagen, dass die Bücher nicht mehr in Kunststofffolie eingeschweißt ausgeliefert werden. Viele Unternehmen haben eine ökologische Produktion in ihre Unternehmensziele aufgenommen.

Aufgabe 2

Der Grund für die Verlagerung liegt in erster Linie in der Möglichkeit für das Unternehmen Kosten zu sparen. Kosten können gespart werden, weil die Lohnkosten in Tschechien niedriger sind als in Deutschland.

Seite 75
Aufgabe 1

Individuelle Lösungen

Seite 76
Aufgabe 1

Individuelle Lösungen
Für das in der Grafik vorgestellte Beispiel gibt es an Berufen: Setzer (nach der Neuordnung des Berufes 1998 Mediengestalter/-in für Digital- und Printmedien), Druckformhersteller; Drucker; Buchbinder.

Aufgabe 2

In diesem Falle müssten alle Arbeiten, die in Aufgabe 1 von vier Spezialisten erledigt werden, von einer Person bewältigt werden.

Aufgabe 3

Nur einmal hergestellte Güter werden in Einzelfertigung hergestellt, z. B. ein Wohnhaus. Das schließt nicht aus, dass vorgefertigte Teile verwendet werden. Weitere Beispiele: Schiffsbau, Maßanzüge; generell Dienstleistungen, da sie jeweils nur für eine Person oder Organisation angeboten werden.

Seite 79 Aufgabe 1	Um die Aufgabe zu bearbeiten und zu lösen, müssen die Seiten 81 und 82 gelesen werden.
Seite 82 Aufgaben 1–3	Individuelle Lösungen
Seite 83 Aufgabe 1	Eine mögliche Überlegung wäre, dass durch die Kinder auch die Eltern zum Kauf von Geschenken veranlasst werden können.
Aufgabe 2	Individuelle Lösungen
Seite 84 Aufgabe 1	Er könnte Ärzte informieren, damit sie ihren Patienten seine Firma nennen. Er könnte Krankenkassen (z. B. AOK) mit der gleichen Zielsetzung informieren. Oder aber auch durch Zeitungsannoncen oder das Verteilen von Handzetteln; also alle regional wirksamen Werbemittel.
Aufgabe 2	Individuelle Lösungen
Seite 85 Aufgabe 1	links oben: Kommunikationspolitik, Verkaufsförderung links mitte: Absatzwegepolitik links unten: Kommunikationspolitik, Public Relations rechts oben: Produktpolitik rechts mitte: Kommunikationspolitik, Werbung rechts unten: Preispolitik
Seite 91 Aufgabe 1	In vielen ländlichen Regionen ist die Qualität der öffentlichen Verkehrsmittel zu gering, so dass viele Bewohner auf ein Auto angewiesen sind, um zu ihrem Arbeitsplatz zu kommen oder Einkäufe zu tätigen. Die Nutzung von öffentlichen Verkehrsmitteln würde häufig einen erheblichen Zeitbedarf für die Bewohner dieser Regionen nach sich ziehen. Dies gilt auch für Unternehmen, die keine akzeptable Nähe zu Eisenbahnanschlüssen oder sonstigen Verkehrsverbindungen (z. B. Flughafen) haben und so für die Beschaffung von Produkten, aber auch für den Absatz z. B. auf Lkw angewiesen sind um ihre Märkte und Kunden zu erreichen. → *Arbeitsblatt: Von der Automobilindustrie hängen ab … (Seite 92)*
Aufgabe 2	Die Automobilindustrie ist ein Wirtschaftszweig mit überragender Bedeutung für die Bundesrepublik. Statistiken zeigen, dass fast jeder siebte Beschäftigte der Bundesrepublik direkt oder indirekt mit der Autoindustrie verknüpft ist. Das heißt z. B., wenn die Konjunktur im Automobilbereich zurückgeht, hat dies erhebliche Auswirkungen auch auf andere Wirtschaftsbereiche.
Aufgabe 3	Eine Einschränkung des Kraftfahrzeugverkehrs wäre nur dann möglich, wenn alternative und gleichwertige Verkehrsmöglichkeiten entwickelt werden. Dies gilt insbesondere für die immer wieder geforderte Verlagerung des Verkehrs von der Straße auf die Schiene. Ein Verzicht auf Kraftfahrzeuge würde die Mobilität und Flexibilität vieler Bürger, aber auch die der Unternehmen erheblich einschränken.
Seite 93 Aufgabe 1	Ein wesentlicher Grund für die Ablehnung neuer Techniken ist in der vermuteten Gefährdung von Arbeitsplätzen durch den Einsatz der neuen Technologien zu sehen. Weitere Gründe können, gerade bei älteren Menschen, in einer befürchteten Überforderung durch die neuen Technologien liegen oder in der Veränderung des sozialen Lebens: „immer und überall erreichbar“.

Aufgabe 2

Wenn man sich die Grafik „Welt-Telekommunikation“ anschaut wird deutlich, dass in den Bereichen Mobiltelefon, Personalcomputer und Internetnutzung Zuwächse erwartet werden können.

Aufgabe 3

Frauen wird oft eine ablehnende Haltung gegenüber technischen Neuerungen nachgesagt. Es wird behauptet, dass alle Bereiche der Technik vorwiegend eine Domäne der Männer seien. Allerdings ist zu beachten, dass z. B. der Umgang von Frauen mit Computern in den unterschiedlichsten Arbeitsbereichen immer selbstverständlicher wird oder schon ist. In keiner Weise ist eine Überlegenheit der Männer im Umgang mit Computern zu beobachten. Häufig handelt es sich um Vorurteile, die bei näherer Analyse keinen rationalen Kern haben.

Seite 99
Aufgabe 1

Individuelle Lösungen

Seite 100
Aufgaben 1 und 2

Zur Lösung dieser beiden Aufgaben sind alle Informationen in den Texten auf Seite 100 enthalten, einschließlich der Grafik zum Warenwirtschaftssystem.

→ *Arbeitsblatt: Computer: Pro und Kontra (Seite 93)*
→ *Lösungsblatt: Computer: Pro und Kontra (Seite 94)*
→ *Arbeitsblatt: Vom Zettel zur Computerkasse (Seite 95)*
→ *Lösungsblatt: Vom Zettel zur Computerkasse (Seite 96)*

Seite 101
Aufgabe 1

Individuelle Lösungen

Seite 102
Aufgabe 1

Individuelle Lösungen
Anmerkung: Es ist keine Frage, dass die Möglichkeiten des Kaufs über das Internet sich erst entwickeln und es deshalb sorgfältig zu beobachten ist, welche Auswirkungen das Internet auf das künftige Kaufverhalten der Konsumenten haben wird. Dies gilt auch für Unternehmen, die die Auswirkungen auf das Konsumentenverhalten für ihre eigene Absatzpolitik sowie für den Wettbewerb und andere Unternehmen beobachten müssen.

Seite 105
Aufgabe 1

Für die beiden Pfeile gibt es jeweils welche mit entgegengesetzter Richtung. Von den Einkaufsmärkten kommen Produktionsfaktoren in das Unternehmen hinein. Dafür müssen Zahlungen geleistet werden. Es fließt also ein monetärer Strom aus dem Unternehmen heraus. Zu den Absatzmärkten gehen Sachgüter und Dienstleistungen. Dafür fließt ein monetärer Strom in das Unternehmen hinein.

Aufgabe 2

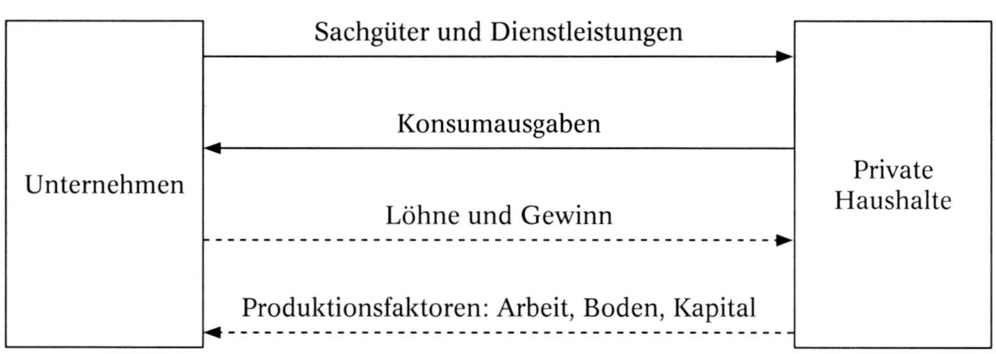

Aufgabe 3

Die Beschäftigung im Dienstleistungssektor hat stark zugenommen, in den beiden anderen Sektoren hat die Beschäftigung abgenommen. Man kann vereinfacht sagen, dass 2/3 der Beschäftigten im tertiären Sektor beschäftigt sind und 1/3 im sekundären Sektor. Die Beschäftigung im primären Sektor ist sehr gering.

Seite 106
Aufgabe 1

Siehe Text

Aufgabe 2

Eine grundlegende Fragestellung bei der Produktion von Fahrrädern ist zunächst, wie viele unterschiedliche Fahrradsorten und -typen hergestellt werden sollen (Kinderfahrrad, Jugendfahrrad, Erwachsenenfahrrad, Herrenrad, Damenrad, Rennrad, Tourenrad, Mountainbike usw.).

Die nächste grundlegende Frage ist, was in eigener Herstellung produziert und was hinzugekauft wird. So könnten z. B. die elektrische Ausstattung und die Gangschaltungen hinzugekauft und der Rest der Fahrräder in eigener Produktion hergestellt werden.

In der Beschaffung muss entschieden werden, wo welche Materialien in welchen Mengen eingekauft werden sollen. Weiterhin muss die Fahrradproduktion (Rahmen, Tretlager, Lenkung, Bremsen) organisiert werden, z.B. Werkstattfertigung für die Fertigung der einzelnen Teile und Reihenfertigung für die Endmontage. Letztlich ist diese Frage abhängig von der Stückzahl, die produziert werden soll. Außerdem muss ein Marketingkonzept entwickelt werden. Marketingüberlegungen müssen schon bei der Entscheidung über die Produktpalette eine Rolle spielen: Lassen sich die Fahrräder, die ich fertigen will, überhaupt verkaufen? Die Maßnahmen des Unternehmens müssen in den Bereichen Produktgestaltung, Preisgestaltung, Kommunikationsgestaltung und in der Wahl der Absatzwege liegen.

Aufgabe 3

Leider wurde im Buch keine Grafik abgebildet. Die folgenden Grafiken können alternativ besprochen werden:

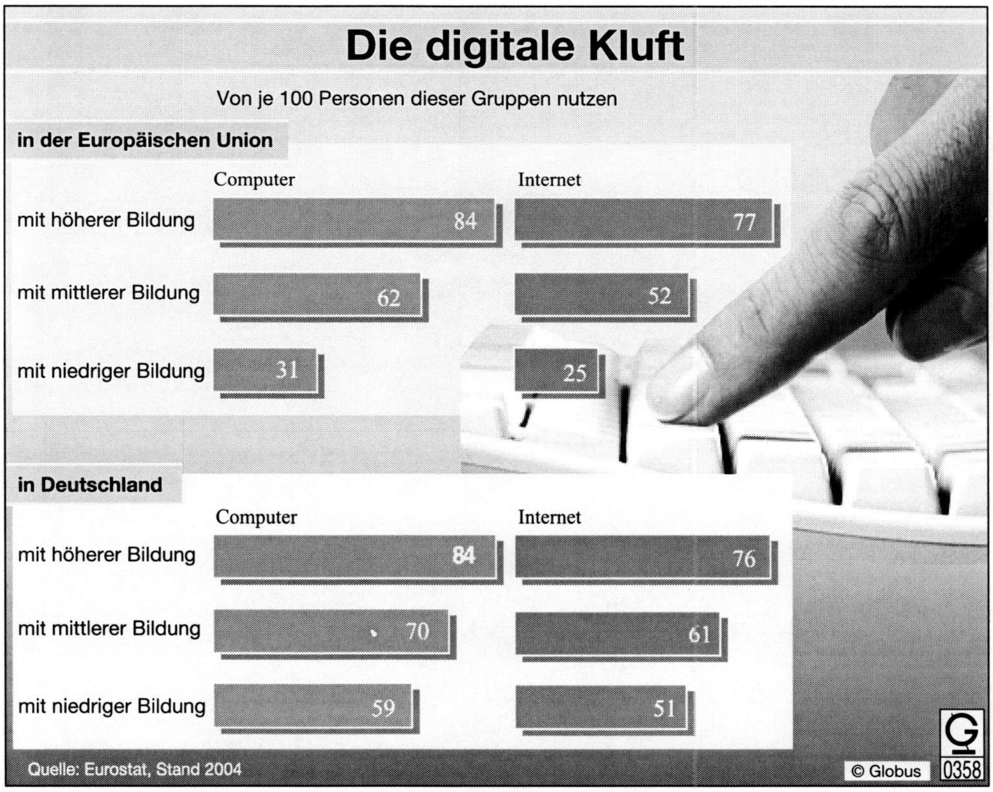

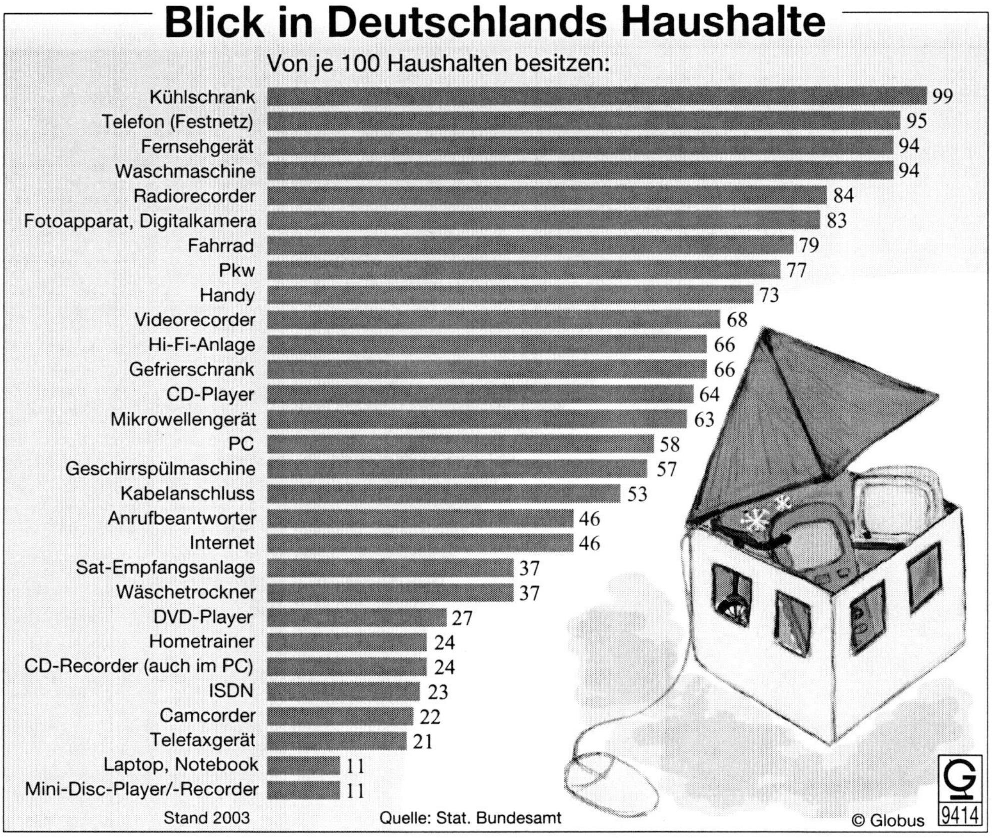
Blick in Deutschlands Haushalte
Von je 100 Haushalten besitzen:
Kühlschrank 99
Telefon (Festnetz) 95
Fernsehgerät 94
Waschmaschine 94
Radiorecorder 84
Fotoapparat, Digitalkamera 83
Fahrrad 79
Pkw 77
Handy 73
Videorecorder 68
Hi-Fi-Anlage 66
Gefrierschrank 66
CD-Player 64
Mikrowellengerät 63
PC 58
Geschirrspülmaschine 57
Kabelanschluss 53
Anrufbeantworter 46
Internet 46
Sat-Empfangsanlage 37
Wäschetrockner 37
DVD-Player 27
Hometrainer 24
CD-Recorder (auch im PC) 24
ISDN 23
Camcorder 22
Telefaxgerät 21
Laptop, Notebook 11
Mini-Disc-Player/-Recorder 11
Stand 2003
Quelle: Stat. Bundesamt
© Globus 9414

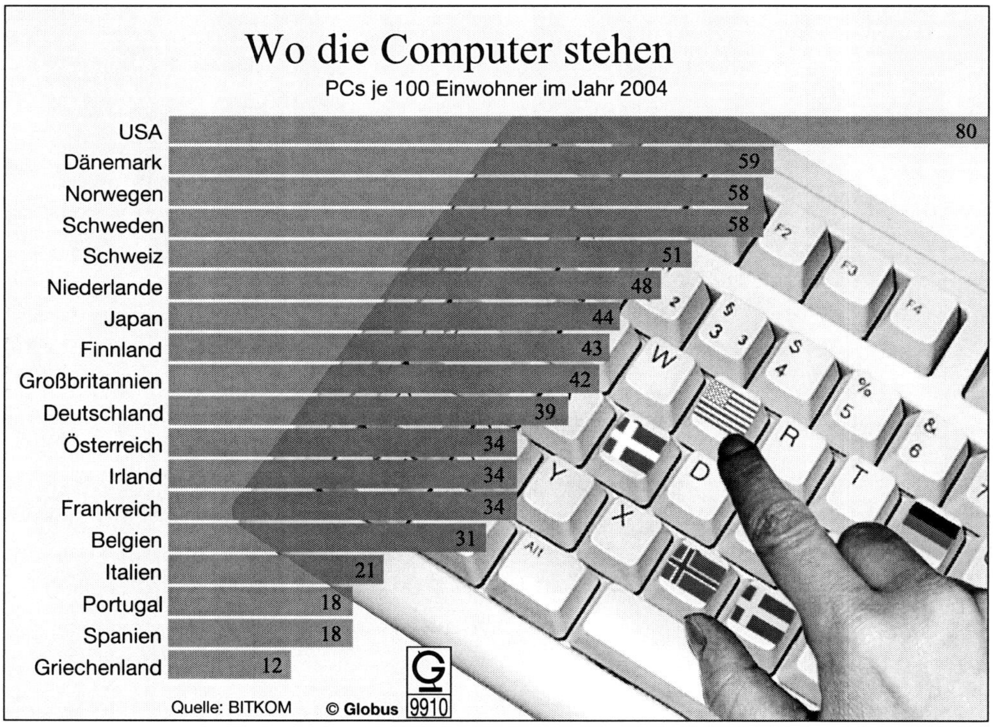
Wo die Computer stehen
PCs je 100 Einwohner im Jahr 2004
USA 80
Dänemark 59
Norwegen 58
Schweden 58
Schweiz 51
Niederlande 48
Japan 44
Finnland 43
Großbritannien 42
Deutschland 39
Österreich 34
Irland 34
Frankreich 34
Belgien 31
Italien 21
Portugal 18
Spanien 18
Griechenland 12
Quelle: BITKOM
© Globus 9910

Arbeitsblatt: Produktion, technischer Fortschritt, Strukturwandel

Arbeitsplatzerkundung

Datum:	**Uhrzeit:**
Erkundungsgruppe:	
Erkundeter Betrieb:	
Wirtschaftssektor:	
Bezeichnung des Arbeitsplatzes:	
Stellenordnung; vorgesetzte Stelle(n):	
nachgeordnete Stelle(n):	
Ort des Arbeitsplatzes:	
Arbeitsaufgabe:	
Arbeitsziel:	
Befugnisse:	
Anforderungen an den/die Stelleninhaber/in: Ausbildung:	 Fachkenntnisse:
Erfahrung:	Persönliche Eigenschaften:
Arbeitszeit:	
Arbeitsaufgabe:	
Eingabe (Input):	
Betriebsmittel:	
Arbeitsablauf:	
Arbeitssituation:	
Umgebungseinflüsse:	
Ausgabe (Output):	

Arbeitsblatt: Produktion, technischer Fortschritt, Strukturwandel

Erkundungsbogen

Datum: **Uhrzeit:**

Erkundungsgruppe:

Fragen zum Betrieb:
Erkundeter Betrieb, Anschrift, Betreuer:

Wirtschaftssektor:

Aus welchen Abteilungen besteht der Betrieb?

Wie arbeiten die Abteilungen zusammen?

Wer ist in den Abteilungen verantwortlich?

Fragen zu den Beschäftigten:
Wie viele Beschäftigte gibt es im Betrieb?

Welche Berufe üben sie aus?

Wie viele Auszubildende werden pro Jahr eingestellt?

Arbeitszeiten:

Fragen zur Produktion:
Was wird produziert?

Welche Geräte und Maschinen werden eingesetzt?

Fragen zur Beschaffung:
Welche Produkte müssen beschafft werden?

Wie werden die Produkte gelagert?

Wer ist zuständig?

Fragen zum Absatz:
Welches sind die Absatzmärkte?

Wie werden die Preise festgesetzt?

Wie wird geworben?

Arbeitsblatt: Produktion, technischer Fortschritt, Strukturwandel

Erkundung eines Betriebes

Anschrift des Unternehmens: ______________________

____

____

Anzahl der Mitarbeiter: ______________________

Wirtschaftszweig:	**Begründung:**
Handwerk	______________________
Dienstleistung	______________________
Produktion	______________________
Verkehr	______________________
Verwaltung	______________________
Handel	______________________

Was sind die Erzeugnisse des Betriebes? ______________________

____

Wie war die Entwicklung des Betriebes? Wie sind die Perspektiven?

____

____

____

____

____

Welche Bedeutung hat der Betrieb für die Region?

____

____

____

Welche Ausbildungsmöglichkeiten gibt es im Betrieb?

____

____

Arbeitsblatt: Produktion, technischer Fortschritt, Strukturwandel

Das Unternehmen in der Gesellschaft

Unternehmen stehen innerhalb einer Volkswirtschaft in verschiedenen Beziehungen oder auch Abhängigkeiten. Ergänzt die folgende Schemazeichnung, indem ihr die Begriffe in dem Kästchen (unten) den richtigen Bereichen zuordnet.

Soziales und politisches Umfeld

Ökologisches Umfeld

Beschaffungsmärkte

Absatzmärkte

andere Unternehmen

Verbände

- Arbeitgeberverbände
- Staat (Bund, Länder, Gemeinden)
- Rechtliche Regelungen, Rechtsformen von Unternehmen
- Finanzen: Kapitalgeber
- Klima
- Informationsaustausch
- Gewerkschaften
- politische Einflüsse, z. B. Umweltpolitik, Sozialpolitik
- Kooperation bei gemeinsamen Projekten
- Sachanlagen
- private Haushalte
- Landschaft
- andere Unternehmen
- Roh-, Hilfs- und Betriebsstoffe
- Dienstleistungen anderer Unternehmen
- Bodenschätze
- soziale Bedingungen, z. B. Arbeitsmarktregelungen
- Wasser

Lösungsblatt: Produktion, technischer Fortschritt, Strukturwandel

Das Unternehmen in der Gesellschaft

Unternehmen stehen innerhalb einer Volkswirtschaft in verschiedenen Beziehungen oder auch Abhängigkeiten. Ergänzt die folgende Schemazeichnung, indem ihr die Begriffe in dem Kästchen (unten) den richtigen Bereichen zuordnet.

Soziales und politisches Umfeld

rechtliche Regelungen,
Rechtsformen von Unternehmen,
politische Einflüsse,
z. B. Umweltpolitik, Sozialpolitik
soziale Bedingungen,
z. B. Arbeitsmarktregelungen

Ökologisches Umfeld

Klima, Landschaft,
Bodenschätze, Wasser

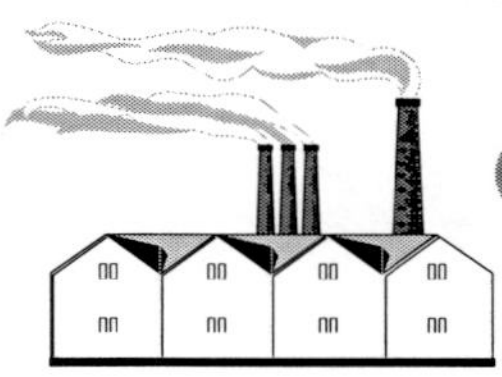

Beschaffungsmärkte

Finanzen: Kapitalgeber,
Sachanlagen,
Roh-, Hilfs- und Betriebsstoffe,
Dienstleistungen anderer
Unternehmen

Absatzmärkte

andere Unternehmen,
Staat (Bund, Länder, Gemeinden),
private Haushalte

andere Unternehmen

Kooperation bei gemeinsamen
Projekten,
Informationsaustausch

Verbände

Gewerkschaften,
Arbeitgeberverbände

- Arbeitgeberverbände
- Staat (Bund, Länder, Gemeinden)
- Rechtliche Regelungen, Rechtsformen von Unternehmen
- Finanzen: Kapitalgeber
- Klima
- Informationsaustausch
- Gewerkschaften
- politische Einflüsse, z. B. Umweltpolitik, Sozialpolitik
- Kooperation bei gemeinsamen Projekten
- Sachanlagen
- private Haushalte
- Landschaft
- andere Unternehmen
- Roh-, Hilfs- und Betriebsstoffe
- Dienstleistungen anderer Unternehmen
- Bodenschätze
- soziale Bedingungen, z. B. Arbeitsmarktregelungen
- Wasser

Arbeitsblatt: Produktion, technischer Fortschritt, Strukturwandel

Von der Automobilindustrie hängen ab ...

Firmen	Berufe

Bemerkungen:

Arbeitsauftrag:
Welche Firmen in eurer Kommune sind direkt oder indirekt mit der Autoindustrie verbunden? Nennt darüber hinaus die damit verbundenen Berufe?
Bearbeitet beide Aufgaben in Gruppen von 3–4 Personen.

Bearbeitungszeit: 20 min

Arbeitsblatt: Produktion, technischer Fortschritt, Strukturwandel

Computer: Pro und Kontra

Aufgabe 1: Tragt in die folgende Tabelle Beispiele für Anwendungen des Computers ein. Versucht dann Zweck oder Ziel des Einsatzes und mögliche Gefahren oder negative Auswirkungen zu formulieren.
Aufgabe 2: Sammelt Zeitungsmeldungen, in denen über Computerfehler und damit verbundenen Unannehmlichkeiten berichtet wird und diskutiert darüber. Besonders das erste Beispiel sorgt immer wieder für Zeitungsmeldungen. Fragt bei Banken nach, wie sie in solchen Fällen reagieren.

Anwendung/ Zweck des Einsatzes	positive Effekte	mögliche Gefahren/ negative Effekte
Bankautomat: Auszahlung von Bargeld		
Computer im Haushalt (PC): z. B.: Korrespondenz, Finanzen führen, Hobby		
Computer und Roboter in der Produktion		

Lösungsblatt: Produktion, technischer Fortschritt, Strukturwandel

Computer: Pro und Kontra

Aufgabe 1: Tragt in die folgende Tabelle Beispiele für Anwendungen des Computers ein. Versucht dann Zweck oder Ziel des Einsatzes und mögliche Gefahren oder negative Auswirkungen zu formulieren.
Aufgabe 2: Sammelt Zeitungsmeldungen, in denen über Computerfehler und damit verbundenen Unannehmlichkeiten berichtet wird und diskutiert darüber. Besonders das erste Beispiel sorgt immer wieder für Zeitungsmeldungen. Fragt bei Banken nach, wie sie in solchen Fällen reagieren.

Anwendung/ Zweck des Einsatzes	positive Effekte	mögliche Gefahren/ negative Effekte
Bankautomat: Auszahlung von Bargeld	- Kunden können auch außerhalb der Schalterzeiten bequem Geld abheben - Personaleinsparung - schneller als Schalterauszahlung - anonymer als Schalterauszahlung	- der Automat zahlt zu wenig aus, bucht aber ab - Fremde buchen mit gefälschter Karte ab - Bankangestellte werden überflüssig - sozialer Kontakt entfällt
Computer im Haushalt (PC): z. B.: Korrespondenz, Finanzen führen, Hobby	- immer wiederkehrende Arbeiten können sehr schnell erledigt werden (z.B. Briefköpfe als Textbausteine, Formulare für die Lohnsteuer) - papiersparend - große Speicherkapazität, schneller Zugriff - sehr vielseitig verwendbar (schreiben, zeichnen, entwerfen, malen, lernen, spielen, verwalten usw.) - kann dem Erwerb von Qualifikationen dienen	- Anschaffung von Computer und Software, Drucker, Scanner, Modem etc. ist kostspielig - viele Dinge funktionieren nicht immer problemlos - lange Einarbeitungszeiten oder Teilnahme an Computerkursen erforderlich - Datenverluste - Korrektur von Texten am Bildschirm schlecht möglich. Folge: Probedrucke = Papierverschwendung
Computer und Roboter in der Produktion	- übernehmen schwere, monotone und gesundheitsschädigende Arbeit - werden nicht krank - brauchen keine Pausen - streiken nicht - arbeiten oft schneller und genauer als Menschen - Produktionserhöhung - bekommen keinen Lohn - vielseitig einsetzbar - müssen nicht geschult werden - können bei Bedarf sofort entlassen (verschrottet) werden	- Arbeitsplätze mit einfachen Tätigkeiten fallen weg - Fehler in der Steuerung können sehr teuer und auch gefährlich werden - müssen von hochqualifiziertem (teurem) Personal eingerichtet werden - sind teuer in der Anschaffung - brauchen Energie - Firmen sind abhängig von Roboter-(hightech) Herstellern

Arbeitsblatt: Produktion, technischer Fortschritt, Strukturwandel

Vom Zettel zur Computerkasse

Aufgabe: Beschreibt bitte kurz den Vorgang der unten aufgeführten Kassierweisen und macht euch über mögliche Vor- und Nachteile Gedanken. Vielleicht kennt ihr Situationen, in denen auch heute noch mit einem Zettel kassiert wird. Warum werden nicht immer Computerkassen benutzt?

	Vorgangsbeschreibung	**mögliche Vorteile**	**mögliche Nachteile**
Zettel			
alte mechanische Kasse oder elektromechanische Kasse			
Computerkasse			

Lösungsblatt: Produktion, technischer Fortschritt, Strukturwandel

Vom Zettel zur Computerkasse

Aufgabe: Beschreibt bitte kurz den Vorgang der unten aufgeführten Kassierweisen und macht euch über mögliche Vor- und Nachteile Gedanken. Vielleicht kennt ihr Situationen, in denen auch heute noch mit einem Zettel kassiert wird. Warum werden nicht immer Computerkassen benutzt?

	Vorgangsbeschreibung	**mögliche Vorteile**	**mögliche Nachteile**
Zettel	Die Preise für die einzelnen Einkäufe werden auf einem Zettel notiert. Die Preise werden addiert. Beispiel: Marktstand	Die Zettel können an jeder Stelle des Verkaufsstandes mitgenommen werden. Diese Kassierweise ist sehr preisgünstig.	Es sind Rechenfehler möglich. Eine Kontrolle ist sehr schwierig.
alte mechanische Kasse oder elektromechanische Kasse	Die Preise werden einzeln eingetippt. Mit Hilfe des Rechenwerks werden die Preise addiert.	Die Anschaffungskosten sind niedrig. Rechenfehler sind ausgeschlossen.	Es sind Eingabefehler möglich. Die Übersicht über den Geld- und Warenfluss muss gesondert erstellt werden.
Computerkasse	Die Daten der Waren werden automatisch eingelesen. Die Preise werden addiert. Es wird eine Quittung erstellt. Alle Daten werden an die Zentrale weitergeleitet und dort ausgewertet.	Eingabe- und Rechenfehler sind ausgeschlossen. Eine vollständige Übersicht über den Geld- und Warenfluss ist gegeben.	Die Kosten für die Investitionen sind sehr hoch.

Test: Produktion, technischer Fortschritt, Strukturwandel

Name: ______________ Klasse: ____ Datum: ______ Punkte

1. Nenne Einflussfaktoren und Folgen des wirtschaftlichen Strukturwandels.

a) Einflussfaktoren:

b) Folgen:

2. Was ist mit dem Satz gemeint: „Wenn die Autoindustrie hustet, bekommen andere Industrien gleich Lungenentzündung."?

3. Moderne Technologien sind:

4. Nenne Auswirkungen des technischen Fortschritts auf die Arbeitnehmer.

COPY

Test: Produktion, technischer Fortschritt, Strukturwandel

Name: ______________________ Klasse: _____ Datum: ________ Punkte

5. Deute folgende Grafik:

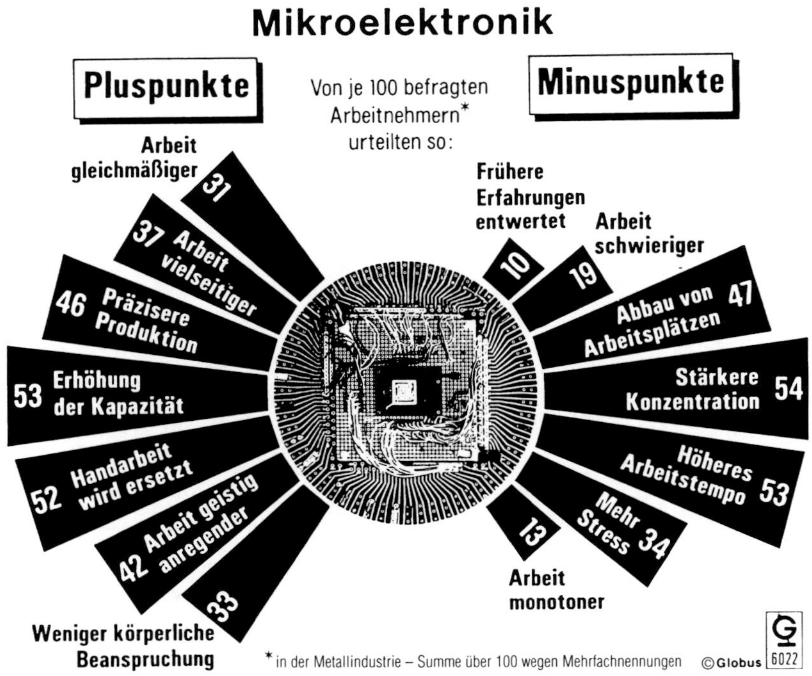

___

___

___

___

___

___

___

___

___

___

___

___

___

___

___

Test/Lösungen: Produktion, technischer Fortschritt, Strukturwandel

Name: ______________ Klasse: ______ Datum: ________ Punkte

1. Nenne Einflussfaktoren und Folgen des wirtschaftlichen Strukturwandels.

a) Einflussfaktoren:

Angebot, z. B. Rohstoff/Energie; Nachfrage, veränderte Verbrauchergewohnheiten; technischer Fortschritt, Mikroelektronik; internationale Arbeitsteilung.

b) Folgen:

Veränderung der Arbeit; soziale Veränderungen; Veränderung der Freizeit.

2. Was ist mit dem Satz gemeint: „Wenn die Autoindustrie hustet, bekommen andere Industrien gleich Lungenentzündung.“?

Viele Industriezweige sind von der Automobilindustrie abhängig, z. B. Zulieferbetriebe, Rohstoffbetriebe, aber auch Dienstleistungsbetriebe wie Autohandel oder Reparaturbetriebe. Auch der internationale Handel ist betroffen. Jeder dritte Arbeitsplatz, so sagt man, ist direkt oder indirekt von der Automobilindustrie abhängig.

3. Moderne Technologien sind:

Informations- und Kommunikationstechnik, Bio- und Gentechnik, Umwelttechnik, Energietechnik, Materialtechnik, Luft- und Raumfahrttechnik, Verkehrstechnik, Mikrosystemtechnik, Laser- und Plasmatechnik, Medizintechnik.

4. Nenne Auswirkungen des technischen Fortschritts auf die Arbeitnehmer.

Die Arbeitnehmer müssen sich umstellen, Arbeitsplätze fallen weg, Arbeitsplätze und Berufe entstehen, Arbeitsbedingungen ändern sich, Arbeit intensiviert sich.

Test/Lösungen: Produktion, technischer Fortschritt, Strukturwandel

Name: ______________________ Klasse: _____ Datum: ________ Punkte

5. Deute folgende Grafik:

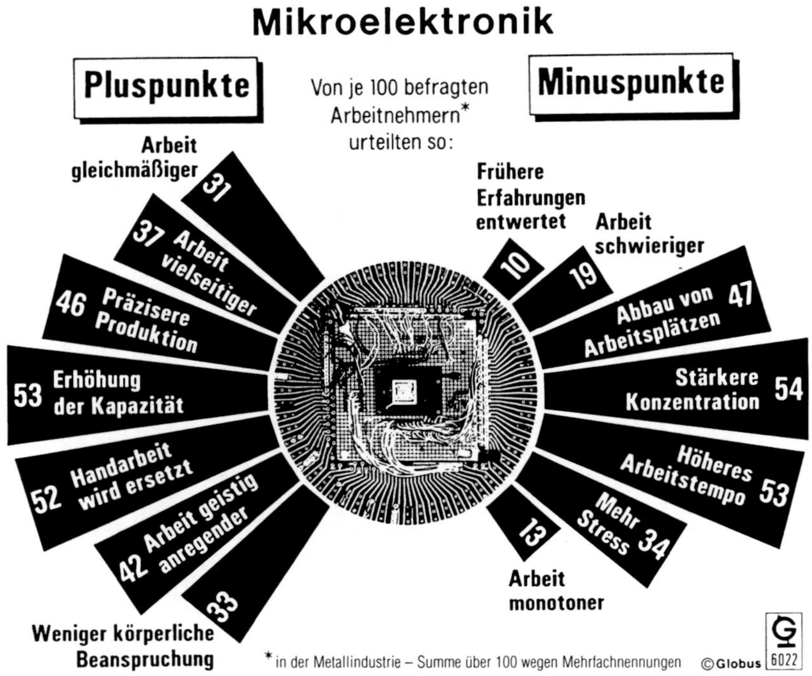

Nach Meinung der Arbeitnehmer ist es positiv, dass die Mikroelektronik die Möglichkeiten der Betriebe erhöht, dass Handarbeit ersetzt wird, die Produktion präziser wird, die Arbeit geistig anregender und vielseitiger wird. Schlechter wird, dass stärkere Konzentration gefordert wird und die Arbeit insgesamt anstrengender wird. Das Arbeitstempo steigert sich, Arbeitsplätze gehen verloren, mehr Stress entsteht und Arbeit kann auch monoton werden. Es besteht die Notwendigkeit der dauernden Anpassung von Qualifikationen an neue Entwicklungen.

V Berufsorientierung und Berufswahl

Didaktische Konzeption

Berufsorientierter Unterricht ist im Lehrplan NRW in Verbindung mit den Rahmenvorgaben zur ökonomischen Bildung in der Sekundarstufe sowohl im 7./8. Jahrgang (Kapitel „Berufsorientierung und Berufswahl") als auch im 9./10. Jahrgang (Kapitel „Ausbildung und Beruf") im Problemfeld 5 der Rahmenvorgaben abgehandelt. Um schließlich im 9./10. Jahrgang im Ergebnis zu einer ersten Berufswahlentscheidung zu gelangen, steht zunächst im 7./8. Jahrgang das Erarbeiten von Problemlösungsmethoden im Mittelpunkt, mit denen
- Entscheidungskriterien gefunden,
- Entscheidungsfähigkeiten und -fertigkeiten erworben und
- Entscheidungsalternativen geprüft werden können.

In 9/10 wenden die Schülerinnen und Schüler diese Methodenkenntnisse dann im Hinblick auf ihre individuellen Fähigkeiten und Fertigkeiten und auf ihre individuelle Konstitution unter Berücksichtigung der gesellschaftlichen Realisierungsmöglichkeiten an. Dies führt im Ergebnis zu einer ersten Berufswahlentscheidung.

Vor diesem Hintergrund muss für 7/8 als übergeordnetes Lernziel erreicht werden:
1. Die Berufswahl erfordert eine Entscheidung, die aus vielen Einzelentscheidungen besteht.
2. Um entscheiden zu können müssen Alternativen vorhanden sein.
3. Um Alternativen zu erkennen müssen Informationen vorliegen.
4. Informationen müssen erkannt und interpretiert werden können.
5. Das Ergebnis der Informationsverarbeitung muss auf die eigene Situation angewendet werden können.

Für die Schülerinnen und Schüler ist es sicherlich schwierig, mit der Fülle der Informationen fertig zu werden. Dieses Kapitel soll auch helfen die Informationsfülle strukturiert zu erarbeiten und die Ergebnisse für den persönlichen Gebrauch zu sammeln. Das geschieht wohl am effektivsten, wenn die Schülerinnen und Schüler das Gefühl haben, sie müssten für bestimmte Entscheidungen mehr Informationen besitzen und die Lehrerinnen und Lehrer ihre Rolle darin sehen, Hilfestellung bei deren Beschaffung zu geben.
In diesem Zusammenhang werden für dieses Kapitel als aktive Lernverfahren vorgeschlagen: „Eine Wandzeitung gestalten", „Erkundung eines Berufsinformationszentrums" sowie die „Expertenbefragung".

Ausgangspunkt dieses Kapitels ist die Tatsache, dass Arbeit für den Menschen mehr bedeutet als nur „Geld verdienen", sondern dass der Beruf Einfluss nimmt auf die Lebensplanung, das Familienleben und auf die gesellschaftliche Stellung des Menschen. Sodann wird eingegangen auf die Faktoren, die die Berufswahl beeinflussen. Schließlich folgt die Vorbereitung der ersten Berufswahlentscheidung, indem die im zweiten Absatz aufgeführten Lernziele abgearbeitet werden. Den Abschluss bilden die Seiten „Wiederholen und Vertiefen", mit denen die Schüler die wichtigen Inhalte des Kapitels wiederholen können.

Bereits zu Beginn des Berufswahlunterrichts sollten die Schülerinnen und Schüler eine Bewerbungsmappe anlegen, in die sie alle Ergebnisse des Unterrichts, die für ihre eigene Berufswahl von Bedeutung sind, eintragen. Diese Bewerbungsmappe kann der „rote Faden" ihrer Berufswahlvorbereitung sein, an dem sie sich immer wieder orientieren. Sie gibt jederzeit Auskunft über den Stand der eigenen Vorbereitung und kann eine Hilfe bei Gesprächen mit der Berufsberatung sein. Für alle Schülerinnen und Schüler muss von Anfang an die Schrift der Berufsberatung „Beruf aktuell" zur Verfügung stehen.

Literatur

Ministerium für Schule, Jugend und Kinder des Landes Nordrhein-Westfalen „Ökonomische Bildung in der Sekundarstufe I, Rahmenvorgaben", Schriftenreihe Schule in NRW Nr. 5016

Lösungsvorschläge zu den Aufgaben

Seite 108
Aufgabe 1

Die Arbeit des Schweißers ist anstrengend, erfolgt häufig im Akkord, bringt u. a. Beeinträchtigungen durch Hitze, Verletzungsgefahr, hohe körperliche Beanspruchung, Beanspruchung der Augen mit sich und erfordert Konzentration und Präzision.
Es steht uns heute frei Arbeit am Fließband anzunehmen oder auch nicht, andererseits ist diese Arbeit, bei der das Fließband das Arbeitstempo bestimmt, meist mühsam und monoton. Sie belastet die Menschen körperlich und psychisch und kann die Gesundheit beeinträchtigen.
Der Erzieher geht mit Kindern um, seine Aufgabe ist Menschenführung. Er hat zwar seine festen Arbeitszeiten, kann ansonsten aber seine Arbeit überwiegend frei und kreativ gestalten.

Aufgabe 2

Individuelle Lösungen

Aufgabe 3

Im Zeitungsartikel werden erwähnt: Gefühl der Erschöpfung, Spannungen in der Familie, handfeste Auseinandersetzungen, Gefühl der Hoffnungslosigkeit, finanzielle Einschränkungen, Minderwertigkeitsgefühl, Gefühl der Unfähigkeit für die Familie zu sorgen, ein Versager zu sein. Ferner kann angeführt werden: Verlust des Kollegenkreises, evtl. sogar des Bekannten- und Freundeskreises, Angst vor abwertenden Bemerkungen.

Seite 109
Aufgabe 1

Lösungen sind offen, da die Arbeitsteilung in der eigenen Familie beschrieben wird.

Aufgabe 2

Vorteile	**Probleme**
– Waren werden nicht nur in einem Land hergestellt.	– Transportwege
– Bessere Verteilung der Arbeit.	– Absprachen müssen getroffen werden.
– …	– …

Seite 110
Aufgabe 1

Deutlich werden muss, dass die technologischen Veränderungen, der zunehmende Autobestand in der Bevölkerung sowie neue Berufe, die auch immer wieder weitergehende technische Innovationen nach sich ziehen und damit auch neue Qualifikationen notwendig machen.
Im Text ist z. B. die Entwicklung vom Schmied zum Kfz-Mechaniker oder die Weiterentwicklung zum/zur Kfz-Mechatroniker/in genannt. Vor allem die elektronischen Kenntnisse werden immer wichtiger, weil die Ausstattung der Pkw mit Elektronik immer umfassender wird.

Seite 111
Aufgabe 1

Verkäuferin (Textilien), Bankangestellte, Kellnerin

Aufgabe 2

a) Handel: Einzelhandelskauffrau, …
Verkehr: Berufskraftfahrer, …
Staat: Standesbeamter, …
Private Haushalte: Hauswirtschafterin, …

b) Individuelle Lösungen

Aufgabe 3

Dienstleistungen: alle Ausbildungsberufe der jungen Frauen. Bei den jungen Männern sind das Einzelhandelskaufmann, Koch, Groß- und Außenhandelskaufmann
Produzierendes Gewerbe: Elektroniker, Anlagenmechaniker, Maler und Lackierer, Metallbauer, Tischler, Mechatroniker.
Es fällt auf, dass junge Frauen ausschließlich Berufe aus dem Dienstleistungsbereich wählen. (An dieser Stelle könnte das Thema „Mädchen in gewerblich-technischen Berufe“ behandelt werden.) Bei den jungen Männern überwiegen knapp die Berufe im produzierenden Gewerbe, wobei allerdings einige Berufe sowohl dem produzierenden Gewerbe als auch dem Dienstleistungsbereich zugeordnet werden können.

Seite 112
Aufgabe 1

Individuelle Lösungen

Aufgabe 2

Informations- und Kommunikationstechniken (I & K) finden immer zahlreichere Verwendung. Es gibt nur noch wenige Bereiche in Unternehmen oder Haushalten, in denen I & K-Technologien völlig fehlen.

Dementsprechend steigt auch der Bedarf an Menschen, die
- die notwendige Software entwickeln und programmieren,
- die notwendige Hardware entwickeln und herstellen,
- die eingesetzte Hardware und Software pflegen und warten,
- den Einsatz von Hardware und Software planen und optimieren,
- die am Vertrieb der Hard- und Software beteiligt sind,
- Beratungs- und Schulungsdienstleistungen für diejenigen anbieten, die mit der Technik und den dazugehörenden Programmen umgehen.

Seite 113
Aufgabe 1

Beispiele für persönliche Gründe, die mit beruflichen Veränderungen im Zusammenhang stehen können:
- Partner: Umzug an den Wohnort des Partners
- Familie: Scheidung
- Einkommensvorstellung: Angebot einer besser dotierten Stelle
- allgemeine wirtschaftliche Lage: Schließung eines Betriebs wegen Verlagerung der Produktion ins Ausland.

→ *Arbeitsblatt: Mädchen und Jungen wählen häufig verschiedene Berufe (Seite 106)*

Seite 116
Aufgabe 1

Siehe „Didaktische Konzeption“ zu diesem Kapitel, letzter Absatz.

Aufgabe 2

Die Karikatur bezieht sich nur auf den finanziellen Aspekt einer Berufsausbildung.

Aufgabe 3

Hier sollten folgende Aspekte erarbeitet werden: Wer eine Berufsausbildung hat, verdient nicht nur besser, er hat auch abwechslungsreichere Arbeit, arbeitet selbstständiger, hat mehr Verantwortung, hat einen Arbeitsplatz, der sicherer ist, findet bei Arbeitslosigkeit schneller einen neuen Arbeitsplatz, hat wesentlich bessere Chancen für einen beruflichen Aufstieg.

Seite 117
Aufgabe 1

Die Beispiele beinhalten folgende Faktoren, die bei der Suche nach einem Ausbildungsplatz von Bedeutung sind:
1. Art des Schulabschlusses, Zeugnisnoten, Prüfungsergebnisse,
2. aktuelle Situation auf dem Ausbildungsstellenmarkt,
3. soziale Herkunft,
4. Beziehungen.

Aufgabe 2

Sind viele Ausbildungsplätze frei, so werden die Firmen selbst Anzeigen aufgeben, der Berufsberatung freie Ausbildungsplätze melden, Schülerinnen und Schüler direkt ansprechen, Informationsschriften verteilen. Die Schülerinnen und Schüler sollen sich genauestens über die Firma informieren, die Angebote kritisch prüfen, den Ausbildungsplatz in Augenschein nehmen. Ihre Wünsche, z. B. Entfernung zur Wohnung, Größe des Betriebes, können leichter erfüllt werden.
Stehen nur wenige Ausbildungsplätze zur Verfügung, werden die Firmen eher auf Bewerbungen warten, bei der Vorauswahl die Zeugnisnoten stärker berücksichtigen, einen Auswahltest durchführen und die Bewerberinnen und Bewerber einer strengeren Prüfung unterziehen. Die Schülerinnen und Schüler müssen selbst tätig werden, sich rechtzeitig und bei mehreren Firmen bewerben, sich gezielt vorbereiten, z. B. durch Üben von Vorstellungsgesprächen und Eignungstests (Übungsheft bei der Berufsberatung erhältlich).

Seite 119
Aufgabe 1

Gärtner/in: mit Pflanzen umgehen, im Freien arbeiten, körperlich tätig sein.
Gesundheits- und Krankenpfleger/in: mit Menschen zu tun haben, körperlich tätig sein, im Labor arbeiten, anderen helfen.
Anlagenmechaniker/in für Sanitär-, Heizungs- und Klimatechnik: körperlich tätig sein, handwerklich arbeiten, auf technischem Gebiet arbeiten, Maschinen zusammenbauen, reparieren, mit Elektrizität, Elektronik zu tun haben.

Aufgabe 2

Geschicklichkeit, mathematische Fähigkeiten, gestalterische Fähigkeiten, physikalisch-technische Fähigkeiten, musisch-kreative Fähigkeiten, sportliche Fähigkeiten.

Aufgabe 3

Es wurden von Ronny erwartet: Kommunikationsfähigkeit, mit den Kunden umgehen können, überzeugen können, sprachliche Ausdrucksfähigkeit. Die Kritik an seinem Verhalten ist offen.

Seite 120
Aufgaben 1–3

Die Lösungen sind individuell.
→ *Arbeitsblatt: Selbsteinschätzung (Seite 107)*

Seite 121
Aufgabe 1

Mit dieser Aufgabe soll auch der Umgang mit „Beruf aktuell" geübt werden.
→ *Arbeitsblatt: Welches Tätigkeitsfeld? Welches Berufsfeld? (Seite 108)*
→ *Lösungsblatt: Welches Tätigkeitsfeld? Welches Berufsfeld? (Seite 109)*

Seite 122
Aufgabe 1

→ *Arbeitsblatt: Tabelle der Berufsmerkmale: Fachverkäufer/in im Nahrungsmittelhandwerk, Schwerpunkt Bäckerei/Konditorei (Seite 110)*
→ *Lösungsblatt: Tabelle der Berufsmerkmale: Fachverkäufer/in im Nahrungsmittelhandwerk, Schwerpunkt Bäckerei/Konditorei (Seite 111)*
→ *Arbeitsblatt: Tabelle der Berufsmerkmale: Fachverkäufer/in im Nahrungsmittelhandwerk, Schwerpunkt Fleischerei (Seite 112)*
→ *Lösungsblatt: Tabelle der Berufsmerkmale: Fachverkäufer/in im Nahrungsmittelhandwerk, Schwerpunkt Fleischerei (Seite 113)*

Seite 123
Aufgabe 1

Individuelle Lösungen

Seite 124
Aufgabe 1

Aus datenschutzrechtlichen Gründen mussten die Firmennamen in den Anzeigen weggelassen werden. Zu den einzelnen Anzeigen:

Einzelhandel
Die Ausbildung findet im erfolgreichsten Küchenfachmarkt Deutschlands statt, an einem modernen, gesicherten Arbeitsplatz mit Perspektive. Anforderungen an die Bewerber und Ausbildungsschwerpunkte:
- mit Menschen umgehen
- kreativ sein
- computergestützte Arbeiten erledigen

Verwaltung
Die Anzeige enthält zu Inhalten von Ausbildung und Beruf der fünf (!) angebotenen Ausbildungsberufe verständlicherweise keine konkreten Angaben.

Garten-, Landschafts- und Sportplatzbau
Beruf: Landschaftsgärtner: Arbeit in der Natur, Beruf mit Zukunft, sicherer Arbeitsplatz, sinnvolle Arbeit für sich selbst und die Umwelt von morgen. Eine Ausbildungsbroschüre kann angefordert werden.

Fahrzeuglackierer
Arbeitsplatz auf höchstem technischen Standard. In der Anzeige fehlt die weibliche Bezeichnung „Fahrzeuglackiererin". Frage: Werden nur männliche Bewerber berücksichtigt?

Zu allen vier Angeboten stellt sich die Frage: Wie stehen die Chancen, nach Beendigung der Ausbildung übernommen zu werden?
Ausführliche Beschreibungen der angebotenen Berufe siehe Beruf aktuell und im Internet http://infobub.arbeitsagentur.de/berufe/index.jsp.

Aufgabe 2

Gründe dafür, keine Anzeigen aufzugeben, können sein: Es melden sich genügend Bewerber, die Ausbildungsplätze werden auf dem innerbetrieblichen Stellenmarkt vergeben, Firmen sprechen Schüler direkt an, sie greifen auf Praktikanten zurück, sie beschaffen sich die Auszubildenden über die Ausbildungsstellenvermittlung der Agentur für Arbeit.

Seite 125
Aufgaben 1 und 2

Die Erkundung des Berufsinformationszentrums ist auf Seite 128 des Schülerbandes dargestellt (siehe auch den Hinweis in Aufgabe 2).

Seite 130
Aufgabe 1

Individuelle Lösungen

→ *Arbeitsblätter zum Betriebspraktikum (Seite 114ff.)*

Seite 135
Aufgabe 1

Individuelle Lösungen

Seite 137
Aufgabe 1

Individuelle Lösungen

Arbeitsblatt: Berufsorientierung und Berufswahl

Mädchen und Jungen wählen häufig verschiedene Berufe

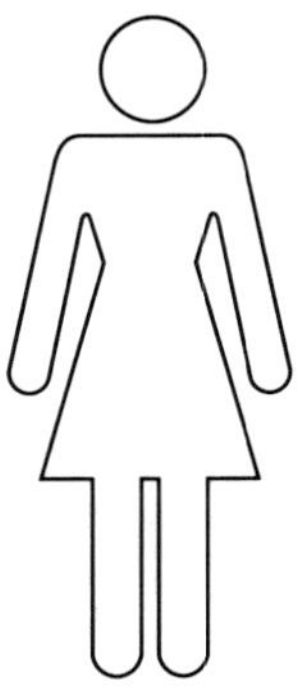

wählen	weil

wählen	weil

Arbeitsblatt: Berufsorientierung und Berufswahl

Selbsteinschätzung

Fähigkeiten	kann ich/ist bei mir		
	gut	geht so	nicht gut
Körperliche Leistungsfähigkeit			
Gesundheit			
Räumliches Vorstellungsvermögen			
Rechnerisches Denken			
Sprachbeherrschung			
Logisches Denken			
Kontaktfähigkeit			
Gewissenhaftigkeit			
Ausdauer			
Ideenreichtum			
Hand- und Fingergeschick			

Arbeitsblatt: Berufsorientierung und Berufswahl

Welches Tätigkeitsfeld? Welches Berufsfeld?

Beruf	**Tätigkeitsfeld**	**Berufsfeld**
Industriekaufmann/frau		
Elektroniker/in		
Gärtner/in		
Holzmechaniker/in		
Tischler/in		
Hauswirtschafter/in		
Dachdecker/in		
Maßschneider/in		
Koch/Köchin		
Kfz-Mechatroniker/in		
Maurer/in		

Lösungsblatt: Berufsorientierung und Berufswahl

Welches Tätigkeitsfeld? Welches Berufsfeld?

Beruf	**Tätigkeitsfeld**	**Berufsfeld**
Industriekaufmann/frau	Wirtschaften	Verwaltung/Wirtschaft
Elektroniker/in	Zusammenbauen und Montieren	Elektrotechnik
Gärtner/in	Bebauen und Züchten	Agrarwirtschaft
Holzmechaniker/in	Bedienen und Überwachen von Maschinen und Anlagen	Holztechnik
Tischler/in	Gestalten	Holztechnik
Hauswirtschafter/in	Versorgen und Betreuen	Ernährung und Hauswirtschaft
Dachdecker/in	Zusammenbauen und Montieren	Bautechnik
Maßschneider/in	Gestalten	Textiltechnik/Bekleidung
Koch/Köchin	Material verarbeiten	Ernährung und Hauswirtschaft
Kfz-Mechatroniker/in	Zusammenbauen und Montieren	Fahrzeugtechnik
Maurer/in	Zusammenbauen und Montieren	Bautechnik

Arbeitsblatt: Berufsorientierung und Berufswahl

Tabelle der Berufsmerkmale

Beruf: Fachverkäufer/in im Nahrungsmittelhandwerk, Schwerpunkt Bäckerei/Konditorei

Was sind meine Arbeitsaufgabe und Tätigkeiten?	
Wo arbeite ich? (im Freien, im Gebäude, immer am selben Ort usw.)	
Mit welchen Arbeitsmitteln muss ich umgehen? (Werkzeuge, Maschinen, Geräte usw.)	
Was ist der Gegenstand, mit dem ich umgehe? (Menschen, Material, Pflanzen usw.)	
Welche beruflichen Anforderungen werden an mich gestellt? (geistige, körperliche, soziale usw.)	
Welche persönlichen Anforderungen werden an mich gestellt? (Selbstständigkeit, gute Kenntnisse in einem Fach usw.)	
Weitere Fragen Ausbildungsdauer Anzahl der Auszubildenden 2004 Merkmale, die mich interessieren, die aber nicht im Text stehen	

Lösungsblatt: Berufsorientierung und Berufswahl

Tabelle der Berufsmerkmale

Beruf: Fachverkäufer/in im Nahrungsmittelhandwerk, Schwerpunkt Bäckerei/Konditorei

Was sind meine Arbeitsaufgabe und Tätigkeiten?	Waren verkaufen und kassieren
Wo arbeite ich? (im Freien, im Gebäude, immer am selben Ort usw.)	Im Geschäft (Fachgeschäft, Fachabteilungen von Supermärkten)
Mit welchen Arbeitsmitteln muss ich umgehen? (Werkzeuge, Maschinen, Geräte usw.)	z. B. Waagen, Registrierkassen
Was ist der Gegenstand, mit dem ich umgehe? (Menschen, Material, Pflanzen usw.)	Waren, die Bäckerei/Konditoren herstellen
Welche beruflichen Anforderungen werden an mich gestellt? (geistige, körperliche, soziale usw.)	Warenkenntnisse über die Grundstoffe der Waren, ihre Haltbarkeit und die fachgerechte Lagerung, bei großem Andrang zügig bedienen, fachlich beraten, Körperkraft
Welche persönlichen Anforderungen werden an mich gestellt? (Selbstständigkeit, gute Kenntnisse in einem Fach usw.)	gut rechnen können, Ordnungssinn, mit Menschen umgehen können, Sprachgewandtheit, Kontaktfreude, überzeugen können
Weitere Fragen	
Ausbildungsdauer	3 Jahre
Anzahl der Auszubildenden 2004	29 653 (beide Fachrichtungen)
Merkmale, die mich interessieren, die aber nicht im Text stehen	Lohn, Arbeitszeit, Urlaub, Aufstiegsmöglichkeiten

Arbeitsblatt: Berufsorientierung und Berufswahl

Tabelle der Berufsmerkmale

Beruf: Fachverkäufer/in im Nahrungsmittelhandwerk, Schwerpunkt Fleischerei

Was sind meine Arbeitsaufgabe und Tätigkeiten?	
Wo arbeite ich? (im Freien, im Gebäude, immer am selben Ort usw.)	
Mit welchen Arbeitsmitteln muss ich umgehen? (Werkzeuge, Maschinen, Geräte usw.)	
Was ist der Gegenstand, mit dem ich umgehe? (Menschen, Material, Pflanzen usw.)	
Welche beruflichen Anforderungen werden an mich gestellt? (geistige, körperliche, soziale usw.)	
Welche persönlichen Anforderungen werden an mich gestellt? (Selbstständigkeit, gute Kenntnisse in einem Fach usw.)	
Weitere Fragen Ausbildungsdauer Anzahl der Auszubildenden 2004 Merkmale, die mich interessieren, die aber nicht im Text stehen	

Lösungsblatt: Berufsorientierung und Berufswahl

Tabelle der Berufsmerkmale

Beruf: Fachverkäufer/in im Nahrungsmittelhandwerk, Schwerpunkt Fleischerei

Was sind meine Arbeitsaufgabe und Tätigkeiten?	Waren verkaufen und kassieren
Wo arbeite ich? (im Freien, im Gebäude, immer am selben Ort usw.)	Im Geschäft (Fachgeschäft, Fachabteilungen von Supermärkten)
Mit welchen Arbeitsmitteln muss ich umgehen? (Werkzeuge, Maschinen, Geräte usw.)	z. B. Waagen, Registrierkassen
Was ist der Gegenstand, mit dem ich umgehe? (Menschen, Material, Pflanzen usw.)	Waren, die Fleischer herstellen
Welche beruflichen Anforderungen werden an mich gestellt? (geistige, körperliche, soziale usw.)	Warenkenntnisse über die Grundstoffe der Waren, ihre Haltbarkeit und die fachgerechte Lagerung, bei großem Andrang zügig bedienen, fachlich beraten, Körperkraft
Welche persönlichen Anforderungen werden an mich gestellt? (Selbstständigkeit, gute Kenntnisse in einem Fach usw.)	gut rechnen können, Ordnungssinn, mit Menschen umgehen können, Sprachgewandtheit, Kontaktfreude, überzeugen können
Weitere Fragen	
Ausbildungsdauer	3 Jahre
Anzahl der Auszubildenden 2004	29 653 (beide Fachrichtungen)
Merkmale, die mich interessieren, die aber nicht im Text stehen	Lohn, Arbeitszeit, Urlaub, Aufstiegsmöglichkeiten

Arbeitsblatt: Berufsorientierung und Berufswahl

Wissenswertes über das Praktikumsunternehmen

Anschrift des Unternehmens:

____

____

____

Größe des Unternehmens:

Kleinbetrieb	1 – 20 Mitarbeiter	☐
Mittelbetrieb	20 – 200 Mitarbeiter	☐
Großbetrieb	über 200 Mitarbeiter	☐

Rechtsform des Unternehmens und Erklärung der Rechtsform:

____

____

____

____

Wirtschaftszweig:	**Begründung/Erklärung:**
Handwerk	____________________
Dienstleistung	____________________
Produktion	____________________
Verkehr	____________________
Industrie	____________________
Verwaltung	____________________
Handel	____________________

Zeichne einen Pfeil zu dem Wirtschaftszweig.

Wann wurde der Betrieb gegründet? Wie war die Entwicklung des Betriebes?

____

____

____

____

Arbeitsblatt: Der Betrieb im Wirtschaftssystem

Technische Veränderungen in deinem Praktikumsbetrieb

Foto von einer technischen Neuheit in deinem Betrieb

1. Welche neuen Geräte oder Maschinen hat das Unternehmen in den letzten zehn Jahren angeschafft?

Geräte/Maschinen	Auswirkungen auf die Produktivität

2. Wie wurden die Mitarbeiter/innen auf die Veränderungen vorbereitet?

____

____

____

____

____

3. Welche Maßnahmen für technische Veränderungen in der Zukunft sind geplant?

____

____

____

____

Arbeitsblatt: Berufsorientierung und Berufswahl

Maßnahmen zum Umweltschutz im Betriebspraktikum

Erkunde, welche Überlegungen oder Maßnahmen das Unternehmen anwendet, um sich umweltbewusst zu verhalten.

Arbeitsblatt: Berufsorientierung und Berufswahl

„Dein“ Unternehmen auf einen Blick

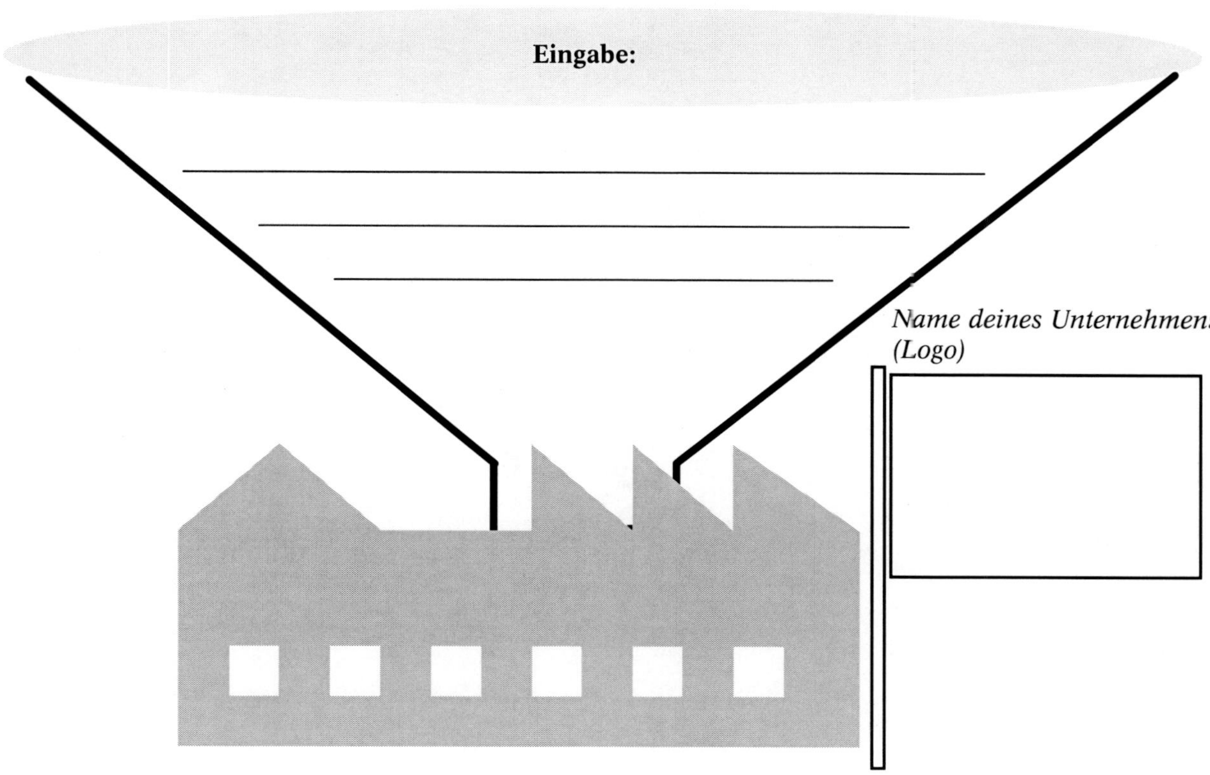

Betriebsgröße: ______________________

Rechtsform: ______________________

Wirtschaftszweig: ______________________

Welche Produkte bzw. welche Dienstleistungen?

____

____

____

____

____

Gibt es internationale Beziehungen?

____

____

____

____

Lösungsblatt: Berufsorientierung und Berufswahl

„Dein“ Unternehmen auf einen Blick

Eingabe:

46 Arbeitskräfte, 11 Baumaschinen,
Baumaterial, Verwaltungseinrichtung,
Energie- und
Reinigungsmaterial

Name deines Unternehmens: (Logo)

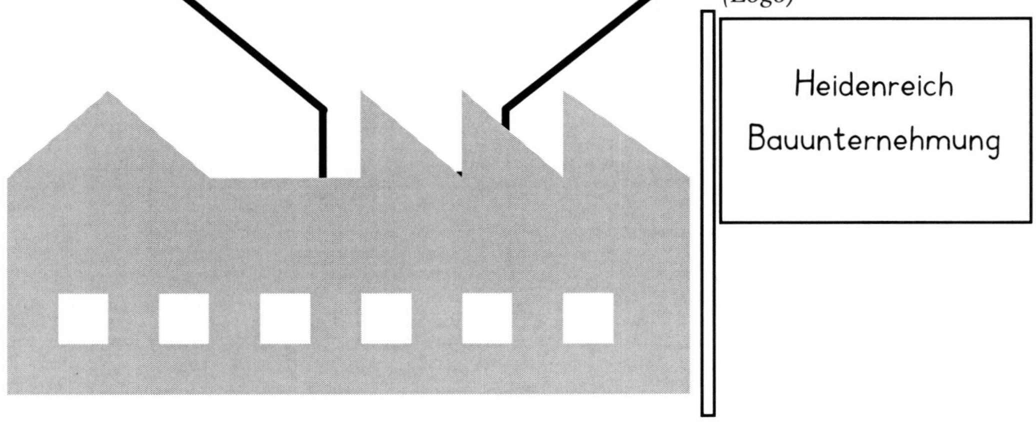

Betriebsgröße: 46 Mitarbeiter

Rechtsform: GmbH

Wirtschaftszweig: Baugewerbe

Welche Produkte bzw. welche Dienstleistungen?

Bau von Einfamilienhäusern, Bürohäusern, Kindergärten,
Erstellung von Plänen und Beratung,
Bauüberwachung und Organisation.

Gibt es internationale Beziehungen?

Der Betrieb bezieht Baumaterial aus Skandinavien.

Arbeitsblatt: Berufsorientierung und Berufswahl

Wie ist dein Betrieb aufgebaut?

Zeichne in deinem Praktikumsbetrieb die Abteilungen ein.
Kennzeichne farbig deinen Praktikumsverlauf.

Anmerkungen zum Praktikumsbetrieb:

Arbeitsblatt: Berufsorientierung und Berufswahl

Mit wem arbeitet dein Betrieb zusammen?

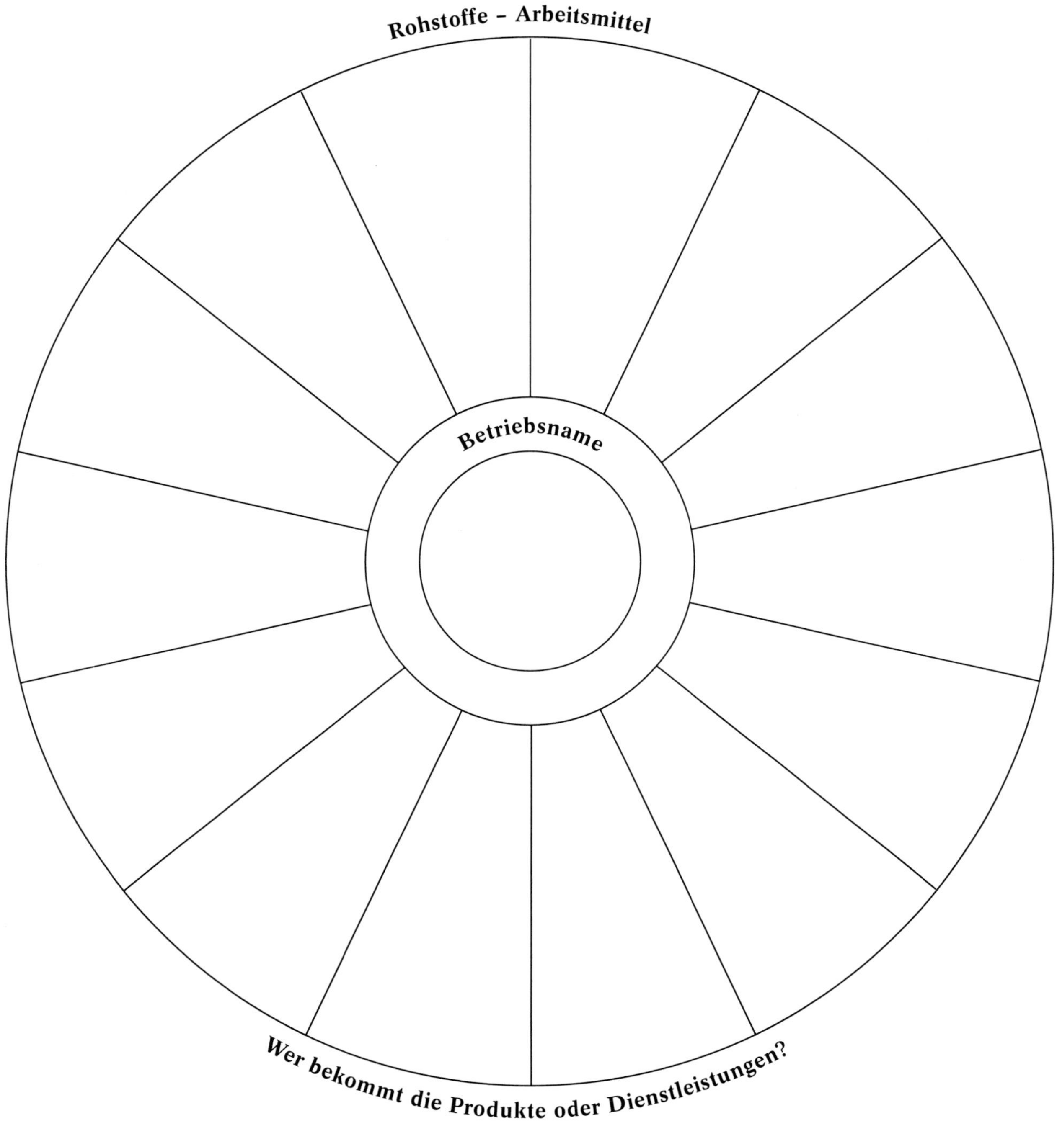

Lösungsblatt: Berufsorientierung und Berufswahl

Mit wem arbeitet dein Betrieb zusammen?

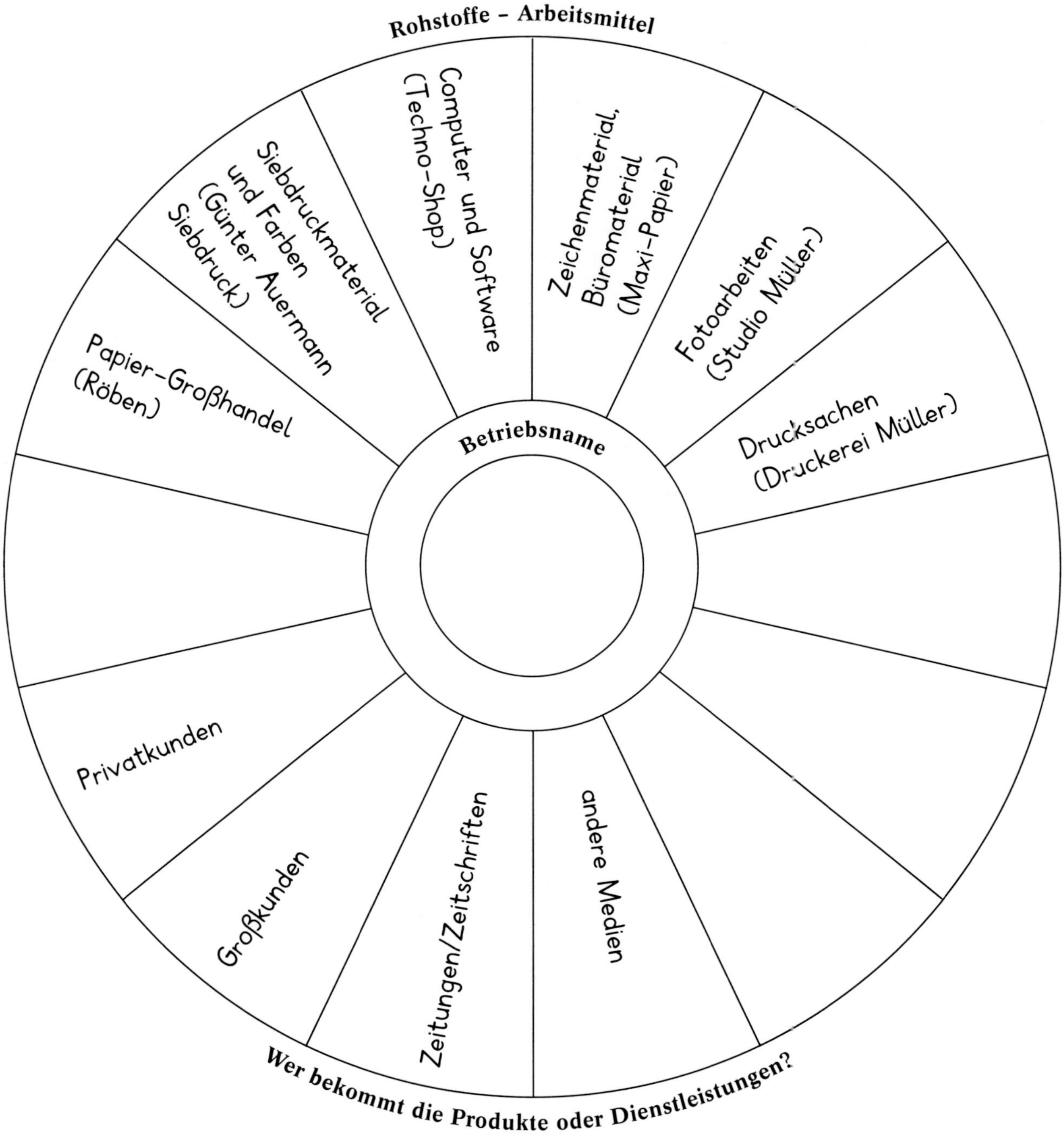

Arbeitsblatt: Berufsorientierung und Berufswahl

Fragen des Personalchefs beim Bewerbungsgespräch

Frage	**Antwort**
Warum wollen Sie gerade diesen Beruf erlernen?	
Welche Berufe kommen für Sie selbst noch in Frage?	
Ist das Ihr Wunschberuf?	
Warum halten Sie sich für diesen Beruf geeignet?	
Wie sind Sie denn ausgerechnet auf uns gekommen?	
Was machen Sie in Ihrer Freizeit?	
Welche Hobbys haben Sie?	
Welches sind Ihre Lieblingsfächer in der Schule?	
Was macht Ihnen dabei am meisten Spaß?	
Wie erklären Sie Ihre guten und schlechten Zensuren?	
Kennen Sie unser Produktionsprogramm?	
Sind Sie Gewerkschaftsmitglied?	
Zu welcher Partei fühlen Sie sich hingezogen?	
Wollen Sie in der nächsten Zeit heiraten?	

Arbeitsblatt: Berufsorientierung und Berufswahl

Arbeitsheft Betriebspraktikum

Schulstempel

Name: ______________________________

Klasse: ______________________________

Betreuende/r Lehrer/in: ______________________________

Betrieb: ______________________________

Betreuer/in im Betrieb: ______________________________

Vorbereitung

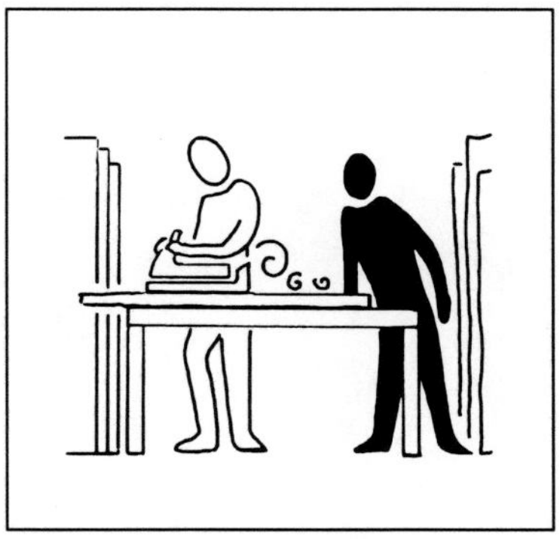

Praktikum

Auswertung

Firmenstempel

Arbeitsblatt: Berufsorientierung und Berufswahl

Erstellung einer Praktikumsmappe, Teil 1

A. Äußere Form deiner Mappe

- ☐ Fester Einband (Mappe mit Ringbindung, Klebebindung o. Ä.)
- ☐ Klarsichthüllen nur bei Materialien verwenden
- ☐ Selbst gestaltetes Titelblatt
- ☐ Erste Seite: Daten der Schülerin/des Schülers und über den Praktikumsbetrieb, die Praktikumszeit
- ☐ Inhaltsverzeichnis mit Seitenangabe (Nummerierung)
- ☐ Fremde Grafiken und Texte mit Quellenangabe versehen
- ☐ Deine Mappe soll einen einheitlichen, übersichtlichen Eindruck machen. Entscheide, ob du mit Computer oder handschriftlich arbeiten möchtest. Verwende nur einen Schrifttyp, hebe Überschriften hervor, mache Quellen kenntlich, lasse einen einheitlichen Rand, nummeriere die Seiten, wähle einen festen Einband, illustriere und verwende Fotos.
- ☐ Die Gestaltung der Mappe bzw. die Praktikumspräsentation in der Schule muss im Vorfeld geplant werden (siehe hierzu das Arbeitsblatt „Präsentation“).

Anmerkung:
Führe diese beiden Seiten im Praktikum immer mit dir!
Erstelle die Mappe während des Praktikums.

B. Was muss ich erledigen?

- ☐ Erstelle ein Praktikumstagebuch (nicht von jedem Tag erforderlich).
- ☐ Erstelle einen Abschlussbericht. Beziehe deine Erwartungen mit ein.

Arbeitsblatt: Berufsorientierung und Berufswahl

Erstellung einer Praktikumsmappe, Teil 2

C. Aufgaben aus dem Unterricht für die Mappe

- ☐ Erstelle eine Grafik nach dem Arbeitsblatt „Dein Unternehmen auf einen Blick“. In welchen Berufen bildet dein Betrieb aus, wie ist die aktuelle Unternehmenssituation?
- ☐ Informiere dich am ersten Tag des Praktikums über die jeweiligen Unfallverhütungsvorschriften und dokumentiere sie in einer Mappe.
- ☐ Wie ist in deinem Praktikumsbetrieb die Beschaffung geregelt? Erstelle eine Grafik oder schreibe einen Text.
- ☐ Skizziere die Aufbauorganisation eures Betriebes (Arbeitsblatt „Wie ist dein Betrieb aufgebaut?“).
- ☐ Nenne Beispiele für technische Veränderungen in deinem Praktikumsbetrieb. Befrage langjährige Mitarbeiter und nimm Arbeitsblatt „Technische Veränderungen in deinem Praktikumsbetrieb“ zu Hilfe. Wie wurden die Mitarbeiter darauf vorbereitet? Welche Maßnahmen sind in Zukunft geplant (Diese Frage kann der Betriebsleiter beantworten.)? Füge Fotos von Veränderungsbeispielen ein.
- ☐ Welche Maßnahmen zum Umweltschutz werden in deinem Unternehmen angewandt? Führe mit Hilfe des Arbeitsblattes „Maßnahmen zum Umweltschutz im Praktikumsbetrieb“ ein Interview durch.
- ☐ Mit wem arbeitet dein Betrieb zusammen? Nutze hier das Arbeitsblatt „Mit wem arbeitet dein Betrieb zusammen?“.

Arbeitsblatt: Berufsorientierung und Berufswahl

Die Praktikumspräsentation

Vorbereitung

Durchführung

Auswertung

Die Gestaltung einer Wandzeitung wurde euch schon im Schulbuch auf den Seiten 114/115 vorgestellt. Eure Wandzeitung konnten sich eure Mitschüler, Lehrer, Eltern usw. anschauen. Dies geschah zu unterschiedlichen Zeitpunkten – es gab also keinen direkten Kontakt zwischen der „Wandzeitungs-Gruppe" und der „Betrachter-Gruppe".

Bei der Präsentation ist das anders: Hier müssen einzelne Schüler Arbeitsergebnisse direkt einem Publikum vortragen. Präsentationen gehören für viele Berufstätige zum Alltag.

- Arbeitskollegen werden über den Arbeitsstand **informiert**;
- Kunden sollen von einem Produkt **überzeugt** werden; dies geschieht z. B. bei der Vorstellung – Präsentation – eines neuen Computers.

Wie bei allen Methoden geht man auch hier in drei Schritten vor.

1. Vorbereitung
Dieser zeitaufwendige Arbeitsschritt muss untergliedert werden:

- Festlegung des Themas
- Ziel festlegen: Was soll erreicht werden?
- Zielgruppe bestimmen: Für wen ist die Präsentation gedacht? – Wer z. B. den Eltern etwas vorstellen will, muss dies in anderer Form tun als vor Mitschülern.
- Inhaltliche Vorbereitung: Auswahl dessen, was vorgetragen werden soll, Aufstellen einer Gliederung, wie Inhalte sichtbar gemacht werden sollen (**Visualisierung**), z. B. mit Hilfe eines Overhead-Projektors.
- Da die Präsentation möglichst frei gehalten werden soll, ist es sinnvoll, eine kleine Checkliste anzulegen.

2. Durchführung

- Begrüßung: Liebe Eltern; liebe Mitschüler
- persönliche Vorstellung: Mein Name ist ..., ich bin ...
- Vorstellung des Themas: Ich möchte heute ... vorstellen.
- „Fahrplan" der Präsentation: Beginnen möchte ich ..., dann folgt ...
- „eigentliche" Präsentation: hier ist es vor allem wichtig, die bildliche Darstellung einzubeziehen.
- Schluss: Zusammenfassung – Ausblick – Angebot zur Diskussion.

3. Auswertung

Nach der Präsentation geht es darum, diese zu bewerten: Was ist gut gelaufen, was könnte verbessert werden? Kritische Punkte, die überprüft werden sollten, sind z. B.:
- Ist die Zielsetzung erreicht worden?
- Entsprach die Präsentation der Zielgruppe?
- Sind die drei Abschnitte der Präsentation, Eröffnung – Hauptteil – Schluss, gelungen?
- War die Visualisierung geglückt?

Test: Berufsorientierung und Berufswahl

Name: ______________ Klasse: _____ Datum: ________ Punkte

Berufswahl, Berufswegplanung, Bewerbung

1. Welche drei Stufen musst du immer beachten, wenn du dich auf deinen Beruf vorbereitest?

____

____

______________________________ ______

2. Nenne fünf wichtige Informationsquellen zur Berufswahl.

____

____

______________________________ ______

3. Welche Beratungsangebote macht die Berufsberatung und welche Formen gibt es?

____

____

______________________________ ______

4. Nenne sieben Fähigkeiten, die du bei dir für die Berufswahl testen solltest.

____

____

____

______________________________ ______

5. Berufe setzen bestimmte Fähigkeiten voraus. In erster Linie musst du aber Interesse an deinem Ausbildungsberuf haben. Welche Interessen setzen die Berufe
- Forstwirt/in
- Gestalter/in für visuelles Marketing voraus? Nenne je drei Interessen.

____

____

____

______________________________ ______

Test/Lösungen: Berufsorientierung und Berufswahl

Name: ______________ Klasse: _____ Datum: ________ Punkte

Berufswahl, Berufswegplanung, Bewerbung

1. Welche drei Stufen musst du immer beachten, wenn du dich auf deinen Beruf vorbereitest?

1. Informieren,
2. Analysieren,
3. Abwägen oder Entscheiden

2. Nenne fünf wichtige Informationsquellen zur Berufswahl.

Es können unterschiedliche Lösungen angegeben werden: Berufsberatung, Kammern, Betriebe, Medien, BIZ, Betriebspraktikum, Personen, Berufsschulen, Gewerkschaften, Innungen.

3. Welche Beratungsangebote macht die Berufsberatung und welche Formen gibt es?

Die Schulbesprechung, Sprechstunden, Gruppenberatung und das Beratungsgespräch in den Formen Informationsberatung, Entscheidungsberatung, Realisierungsberatung.

4. Nenne sieben Fähigkeiten, die du bei dir für die Berufswahl testen solltest.

Körperliche Leistungsfähigkeit, Gesundheit, räumliches Vorstellungsvermögen, rechnerisches Denken, Sprachbeherrschung, logisches Denken, Kontaktfähigkeit, Gewissenhaftigkeit, Ausdauer, Ideenreichtum, Hand- und Fingergeschick.

5. Berufe setzen bestimmte Fähigkeiten voraus. In erster Linie musst du aber Interesse an deinem Ausbildungsberuf haben. Welche Interessen setzen die Berufe
- Forstwirt/in
- Gestalter/in für visuelles Marketing voraus? Nenne je drei Interessen.

Forstwirt/in: z. B. mit Pflanzen umgehen, im Freien arbeiten, körperlich tätig sein,

Gestalter/in für visuelles Marketing: z. B. gestalterisch arbeiten, körperlich tätig sein, handwerklich arbeiten.

VI Staat und Wirtschaft

Didaktische Konzeption

In den Kapiteln dieses Schulbuches werden grundlegende Fragen und Aspekte behandelt:

- Welche Bedeutung haben Arbeiten und Wirtschaften für den Menschen?
- Welche Funktionen haben Verbraucherinnen und Verbraucher im Wirtschaftsgeschehen, d.h. vor welchen Entscheidungen stehen sie, welche Faktoren beeinflussen ihre Entscheidungen?
- Eine erste existenzielle Entscheidung junger Menschen ist die Entscheidung für einen Startberuf, weil dieser erste Schritt in eine Berufsbiografie wesentlichen Einfluss hat, nicht nur zukünftig den eigenen Lebensunterhalt zu bestreiten, sondern auch ein Berufsfeld zu finden, in dem sich persönliche Ziele realisieren lassen.
- Für ein besseres Verständnis der wirtschaftlichen Vorgänge eines Landes sind insbesondere Kenntnisse zur Funktionsweise des Marktes erforderlich.
- Ein wesentlicher Akteur in einem Wirtschaftssystem ist der Betrieb. Betriebe haben nicht nur eine Funktion bei der Erstellung von Produkten und bei der Bereitstellung von Dienstleistungen für die Befriedigung menschlicher Bedürfnisse, sondern sie sind auch Orte sozialen Geschehens, an denen sich persönliche und berufliche Ziele der Arbeitnehmer realisieren lassen

Damit sind wichtige Fragen einer Wirtschaftsordnung behandelt, ohne dass bisher die Wirtschaftsordnung als Gesamtsystem mit seinen entsprechenden Ordnungselementen und Ordnungsformen aufgezeigt worden ist. Dies ist die Aufgabe des Kapitels VI „Staat und Wirtschaft“, in dem wesentliche Aspekte der bisherigen Kapitel geordnet und zu einem System zusammengefügt werden, ohne dass dies zu unnötigen Wiederholungen führt.

Die Leistungsfähigkeit einer Wirtschaftsordnung bestimmt, inwieweit die wirtschaftlichen und sozialen Probleme eines Landes für alle beteiligten Bürger in angemessener Weise gelöst werden können. Die Wirtschaftsordnung lässt sich deshalb als eine permanente ordnungspolitische Gestaltungsaufgabe begreifen, sie ist nie fertig, sondern bedarf einer ständigen Weiterentwicklung, um den jeweiligen aktuellen Herausforderungen begegnen zu können. Deshalb eignen sich für dieses Kapitel insbesondere auch aktuelle Diskussionen zur Weiterentwicklung der sozialen Marktwirtschaft, die mit ihrem Konfliktgehalt nicht selten den tagespolitischen Sprengstoff enthalten, den Parteien, Gruppen, Organisationen, Interessenverbände im Hinblick auf ihre Zielsetzungen versuchen zu lösen.

Aufbau des Kapitels

- In einem ersten Schritt haben sich die Schülerinnen und Schüler mit dem Begriff der Wirtschaftsordnung auseinander zu setzen und zu fragen, wofür überhaupt eine Ordnung des wirtschaftlichen Geschehens erforderlich ist. Dazu werden zunächst wichtige Aufgaben des Staates skizziert. Dann werden wesentliche Bestandteile einer Wirtschaftsordnung näher untersucht:
  - die Eigentumsverfassung, einschließlich der dafür erforderlichen Rechtsordnung;
  - der Planungs- und Lenkungsmechanismus;
  - die Funktion der Preisbildung.
- In einem weiteren Gedankenschritt wird rückerinnert an die Entstehung der sozialen Marktwirtschaft, zumal aktuelle Diskussionen ohne einen geschichtlichen Rückblick zur Entstehung der sozialen Marktwirtschaft nach dem Zweiten Weltkrieg unverständlich bleiben.

- Des Weiteren wird dazu die Entwicklung in der ehemaligen DDR zum Vergleich skizziert und auf wesentliche Umstellungsprobleme der deutschen Einheit verwiesen.

Lösungsvorschläge zu den Aufgaben

Seite 141
Aufgabe 1

Schulordnung: Sie regelt Pflichten und Rechte der Einzelnen. Dadurch werden auch Freiheiten festgelegt. Es muss erkannt werden, dass Regelungen nicht nur einengen, sondern auch befreienden Charakter haben. Durch die Rechtssicherheit, die sie bieten, geben sie die Möglichkeit der Konzentration auf eine ganz bestimmte Tätigkeit im Rahmen von Regelungen.

Weitere Beispiele:
- Eine Hausordnung in einem Mehrfamilienhaus, die festlegt, wer für das Treppenhaus zu sorgen hat, Schnee zu fegen hat usw. Sie verpflichtet auf der einen Seite, schafft aber auch auf der anderen Seite klar bestimmte Freiräume.
- Sportverein,
- Mitgliedschaft in Clubs,
- Klassenordnung,
- Schützenverein usw.

Seite 142
Aufgabe 1

Die dort angebotenen Güter kann nur derjenige für sich verwenden, der bereit ist, den Preis für ein Produkt zu bezahlen. Wer den Preis für ein Produkt nicht bezahlt, wird von der Nutzung eines Produktes ausgeschlossen, für ihn besteht Knappheit. Das bedeutet: Alle Produkte, die einen Preis haben, sind knappe Güter, weil nur derjenige, der bereit ist, den Preis zu bezahlen, ein Gut nutzen kann. Dies gilt für eine Schachtel Streichhölzer für 10 Cent wie für einen Wintermantel für 400 Euro. Nicht die Menge der angebotenen Güter in einem Supermarkt, die scheinbar einen kompletten Warenüberfluss zu signalisieren scheint, ist entscheidend, sondern, dass diese Produkte Preise haben, die ein Konsument bereit sein muss zu zahlen.

Aufgabe 2

Mit diesem Busch-Zitat wird auf die offensichtliche psychologische Tatsache hingewiesen, dass die Bedürfnisse der Menschen scheinbar unbegrenzt sind. Nimmt man ein Beispiel aus dem Kinder- und Jugendbereich, dann lässt sich das sehr deutlich an der Barbie-Puppen-Industrie zeigen, die sich so ausdifferenziert hat, um mit zusätzlichen Kleidchen, Röckchen und Glitzersternen, mit Häusern, Autos, Pferden, Tassen, Tellern, Besteck und was es sonst noch geben mag, neue Bedürfnisse bei den Kindern zu wecken, die dann von der anbietenden Industrie befriedigt werden können. Dass hierbei auch die Werbung eine nicht unwesentliche Rolle spielt, versteht sich von selbst.

→ *Arbeitsblatt: Grundfragen jeder Wirtschaftsordnung (Seite 136)*
→ *Lösungsblatt: Grundfragen jeder Wirtschaftsordnung (Seite 137)*

Seite 117
Aufgabe 1

Ein Automobilunternehmen (nicht der Staat) plant die Produktion von Pkw und Lkw. Konsumenten entscheiden sich für den Kauf dieser Produkte, natürlich kann es auch einen staatlichen Nachfrager, einen staatlichen Konsumenten geben, der z. B. Pkw für seine Beschäftigten kauft. Generell ist die Planung dezentral. Die einzelnen Unternehmen planen die Produktion, die einzelnen Konsumenten den Kauf.

Aufgabe 2

Im Regelfall gehören Fabriken, Grundstücke und Maschinen privaten Unternehmen, da in der marktwirtschaftlichen Ordnung grundsätzlich Privateigentum als die vorherrschende Eigentumsform gilt; natürlich gibt es auch Teilbereiche, wo der Staat Eigentum besitzt.

Aufgabe 3

Unternehmen arbeiten um Gewinne zu erzielen, d. h., sie arbeiten nach dem Gewinnprinzip. Sie müssen mit der Produktion von Sachgütern und der Bereitstellung von Dienstleistungen Gewinne erzielen, damit ihr Unternehmen auf Dauer existieren kann.

Aufgabe 4

Wenn das wirtschaftliche Geschehen dezentral geplant wird, d. h. durch die Entscheidungen der Produzenten und der Konsumenten, dann entstehen Preise grundsätzlich auf Märkten. Es herrscht also eine Marktpreisbildung und keine staatliche Preisfestsetzung wie in planwirtschaftlichen Systemen, bei denen eine staatliche Behörde alle Preise für alle Produkte festlegt, unabhängig von der Nachfragesituation auf Märkten.

Natürlich werden Unternehmen in marktwirtschaftlichen Systemen versuchen, ihre Preisvorstellungen durchzudrücken, aber sie müssen nicht nur mit der Nachfrage der Konsumenten rechnen, sondern auch mit den Preisvorstellungen, die mögliche Markt-Konkurrenten haben. Hier besteht die Gefahr von Preisabsprachen.

Seite 145
Aufgabe 1

Grundgesetz
Artikel 14 [Eigentum, Erbrecht, Enteignung]
(1) Das Eigentum und das Erbrecht werden gewährleistet. Inhalt und Schranken werden durch die Gesetze bestimmt.
(2) Eigentum verpflichtet. Sein Gebrauch soll zugleich dem Wohle der Allgemeinheit dienen.
(3) Eine Enteignung ist nur zum Wohle der Allgemeinheit zulässig. Sie darf nur durch Gesetz oder auf Grund eines Gesetzes erfolgen, das Art und Ausmaß der Entschädigung regelt. Die Entschädigung ist unter gerechter Abwägung der Interessen der Allgemeinheit und der Beteiligten zu bestimmen. Wegen der Höhe der Entschädigung steht im Streitfalle der Rechtsweg vor den ordentlichen Gerichten offen.

→ *Arbeitsblatt: Die Eigentumsrechte (Seite 138)*
→ *Lösungsblatt: Die Eigentumsrechte (Seite 139)*

Seite 147
Aufgabe 1

Vorteile einer Rechtsordnung: Eine Marktwirtschaft kann nur dann funktionieren, wenn die Vertragspartner – z. B. Käufer und Verkäufer – in (möglichen) strittigen Fällen in ihren Rechten geschützt sind. Wer jemandem Geld geliehen hat, muss sicher sein, dass er es auch zurückerhält.
Sind solche Rechte nicht gesichert, kommen Verträge nicht zu Stande, z. B.:
- Privateigentum ist durch Gesetze gesichert (s. GG, BGB),
- Rechtsordnung hilft Rechte durchzusetzen,
- Hilfe bei Konfliktfällen durch die Rechtsprechung.

Hinweis: Kein Vertragspartner muss seine Rechte privat sichern, sondern kann sich auf die Rechtsordnung mit den entsprechenden Gesetzen berufen und ein entsprechendes Gericht anrufen. Auf diese Art und Weise werden erhebliche Kosten in einer Volkswirtschaft gespart, man spricht in diesem Falle von „Transaktionskosten" (Kosten, die entstehen, wenn ein Gut von einer Hand in eine andere übergeht), die durch eine Rechtsordnung vermindert werden. Dass die Transaktionskosten durch die Rechtsordnung geringer werden, kann anhand eines einfachen Beispiels klargemacht werden: In früheren Zeiten war der Handel durch Wegelagerei gefährdet, die Transaktionskosten waren dadurch hoch, denn die Händler mussten entweder Schutzmannschaften oder Schutzgelder bezahlen. Riskierten sie eine Lieferung zu verlieren, wurden die Kosten auf die nächste umgelegt. Die Rechtsunsicherheit erhöhte also die Transaktionskosten.

Dass die Rechtsordnung Verhaltenssicherheit für die Beteiligten schafft, können die Schülerinnen und Schüler über eine Erkundung erfahren: Sie sollen aus einem Schreibwarenladen Muster für Alltagsverträge besorgen. Es bietet sich an, einen solchen Vertrag auf einige Bestimmungen hin durchzusehen.

Viele Verbraucherberatungsstellen besitzen für Konfliktfälle eine Rechtsberatung, die gegen eine geringe Gebühr in Anspruch genommen werden kann. Darüber hinaus sind an den Beratungsstellen manchmal Unterrichtsmaterialien zu erhalten, die diesen Aspekt unserer Rechtsordnung vertiefen helfen.

Aufgabe 2

Solch ein Text könnte folgende Grundstruktur haben:
Felix Pentlow als Eigentümer des Fahrrades (Marke Concordia, Nr. 123 456) und Philipp Oller als Käufer dieses Rades schließen folgenden Vertrag:

1. Das Rad geht gegen eine Bezahlung von 100,00 Euro in das Eigentum von Philipp Oller über.
2. Der Käufer hat das Fahrrad eingehend überprüft und gefahren und dabei keine Mängel festgestellt.
3. Für eventuell später festgestellte Mängel wird der Käufer den Verkäufer nicht haftbar machen.
4. Der Kauf wird am 15. 04. 2006 abgewickelt.

(Unterschriften)

Es bietet sich die Möglichkeit an, den selbst erstellten Vertrag zu vergleichen mit einem Mustervertrag, der häufig in Schreibwarengeschäften erhältlich ist.

Anmerkung:
Wenn in einem marktwirtschaftlichen System die Möglichkeit besteht Verträge selbst auszuhandeln, dann wird auf diese Art und Weise den Vertragspartnern die Freiheit gelassen, Verträge so zu gestalten, wie es für ihre Zielsetzungen am besten ist.

Diese Vertragsfreiheit macht aber nur dann einen Sinn, wenn die Vertragspartner sich nicht nur alle Freiheiten in einem Vertrag nehmen, sondern auch gleichzeitig für die Konsequenzen ihres Vertrages geradestehen müssen. Die Freiheit, einen Vertrag abzuschließen, bedeutet auch die Verpflichtung, für die Folgen des Handelns zu haften. Wenn z. B. ein Verkäufer einen Kaufvertrag abschließt und schon vorher weiß, dass das Produkt, das er einem Käufer verkauft, einen verdeckten Fehler hat, durch den dieser Schaden erleidet, dann ist es nur recht und billig, wenn der Verkäufer dieses Produktes für den verschwiegenen Mangel auch haftbar gemacht werden kann. Nur dadurch, dass die Möglichkeit besteht, ihn haftbar zu machen, wird er auch vorsichtig genug sein, bei dem Abschluss eines Kaufvertrages die richtigen Auskünfte zu geben. Dies gilt prinzipiell: Verträge ohne Haftung schwächen den, der einen Schaden erleidet.

Seite 149
Aufgabe 1

Diskussion zum Thema „Subvention"
Pro:

- Hilfe für gefährdete Industrien (Werften, Kohle) oder für schwache Regionen zur Entwicklung einer leistungsstarken Wirtschaftsstruktur,
- Hilfen für durch ausländische Konkurrenten bedrohte Industrien,
- mögliche Verhinderung von Arbeitslosigkeit.

Kontra:

- Die Preise werden verzerrt, weil nicht die tatsächlichen Kosten deutlich werden,
- Benachteiligung anderer Konkurrenten, vergleiche Agrarbereich,
- Benachteiligung von Agrarländern, die keine anderen Produkte als Agrarprodukte ausführen können,
- Tendenz, wenn Subventionen einmal gewährt worden sind, sie auf jeden Fall weiter zu erhalten; sie werden dadurch zu einer Dauereinrichtung,
- Verhinderung des Strukturwandels (Nicht mehr leistungsfähige Unternehmen und Branchen werden künstlich am Leben erhalten. Dies verursacht hohe Kosten für den Steuerzahler. Finanzmittel für Subventionen können für dringende andere Ausgaben nicht mehr verwendet werden.),
- Subventionsvorschriften werden immer undurchsichtiger; auch solche Branchen und Unternehmen, die keine Subventionen benötigen, beantragen welche, weil es entsprechende Möglichkeiten gibt,

- Vielzahl von Subventionsvorschriften begünstigen Subventionsschwindel,
- Subventionen verstoßen gegen grundlegende marktwirtschaftliche Prinzipien.

Seite 151
Aufgabe 1

Ein Betrieb muss Gewinne erzielen, damit auf Dauer die Existenz gesichert werden kann. Nur durch Gewinne können neue Investitionen getätigt werden. Nur sie bieten die Möglichkeit das Unternehmen weiter auszubauen um neue Märkte zu erobern. So können auch schwierigere wirtschaftliche Zeiten überbrückt werden.

Aufgabe 2

Wenn in einer bestimmten Rechnungsperiode für die Produktion Maschinen, Gebäude usw. eingesetzt werden, dann mindert sich durch die Inanspruchnahme der Wert dieser Produktionsmittel. Eine Maschine ist, wenn sie für die Produktion eines Produktes eingesetzt wird, am Ende des Jahres weniger wert als am Beginn des Jahres.

Will ein Unternehmen seine Produktionskapazitäten halten, muss es rechtzeitig dafür sorgen, dass dann, wenn diese Maschine nicht mehr produktionsfähig ist, sie durch eine andere ersetzt werden kann. Dafür benötigt man Geld. Abschreibungen sind die Beträge, die ein Unternehmen Jahr für Jahr in die Kalkulation einbaut, damit dann, wenn eine neue Maschine benötigt wird, dafür auch das entsprechende Geld vorhanden ist. Insofern sind Abschreibungen eine Minderung des Gewinns in einer Rechnungsperiode. Würde man auf die Abschreibungen nicht achten, würde man sich über die tatsächliche Situation in seinem Unternehmen täuschen und von der Substanz leben, die jedes Jahr geringer wird.

Hinweis: Durch bestimmte Abschreibungsvorschriften will man auch Anreize für Unternehmer schaffen um die Investitionstätigkeit zu fördern. Durch die Festsetzung höherer Abschreibungssätze können sich für ein Unternehmen Anreize ergeben neue Investitionen zu tätigen. Der tatsächliche Wert der Anlage ist dann höher als die Abschreibung es zeigt, z. B. wenn man eine Maschine innerhalb von fünf Jahren abschreiben kann, aber ihre tatsächliche Funktionsfähigkeit nach acht Jahren noch gegeben ist. Ob man eine solche Überlegung mit in den Unterricht einbezieht, sollte vom Leistungsstand der Klasse abhängig gemacht werden.

Aufgabe 3

Das Unternehmen erwirtschaftet das Geld, das es benötigt, indem die Kosten für die Abschreibungen bei der Kalkulation der Preise berücksichtigt werden. D. h. in die Kalkulation eines Produktes gehen nicht nur die Lohn- und Materialkosten ein, sondern auch die Kosten für die Inanspruchnahme der Produktionsmittel, z. B. der Anlagen und Maschinen. Wenn ein Unternehmen seine Produkte verkaufen kann, dann fließt über die erzielten Erlöse auch Schritt für Schritt das Geld für die Abschreibungen des Sachkapitals wieder zurück in das Unternehmen.

→ *Arbeitsblatt: Wie wird der wirtschaftliche Erfolg gemessen? (Seite 140)*
→ *Lösungsblatt: Wie wird der wirtschaftliche Erfolg gemessen? (Seite 141)*

Seite 153
Aufgabe 1

Ein Schwarzmarkt ist kein offizieller, legaler Markt, auf dem Sachgüter und Dienstleistungen gehandelt werden, wie dies normalerweise in Geschäften üblich ist, sondern ein illegaler Markt.

Meist entstehen solche Märkte, wenn das Geld seine Funktion als Tauschmittel verliert und/oder Preise vom Staat vorgeschrieben werden. Man tauscht nicht selten Produkte gegen Produkte oder verwendet ein Zahlungsmittel, das eine Ersatzfunktion für Geld übernimmt, z. B. Zigaretten. Hinzu kommt, dass aus diesen Schwarzmarktgeschäften keine Steuern gezahlt werden und der Staat daher natürlich jeden Schwarzmarkt mit großem Missfallen sieht. Schwarzmärkte sind immer ein Zeichen dafür, dass die legalen Märkte nicht richtig funktionieren. Von dem Augenblick an, wo es geordnete Bedingungen gibt, verschwinden die Schwarzmärkte in den meisten Fällen von allein. So ist es auch nach der Währungsreform 1948 gewesen. Schwarzmärkte sind aber ein gutes Anschauungsmittel, um zu zeigen, was geschieht, wenn Märkte nicht die Funktion übernehmen können, die man ihnen in einer marktwirtschaftlichen Wirtschaftsordnung zuspricht. Auch in planwirtschaftlichen Systemen konnte man bis in die jüngste Gegenwart solche Schwarzmärkte beobachten, z. B., wenn der nicht offizielle Umtauschkurs in Russland zwischen Rubel und Dollar bzw. D-Mark um ein Vielfaches höher war als der offizielle Kurs.

Aufgabe 2

Die Erfahrung eines Autors mit der Währungsreform im Jahre 1948:
In dem kleinen Dorf, in dem ich in der Nachkriegszeit groß wurde, gab es Mitte Juni immer ein großes Schützenfest, das mit dem Patronatsfest der Kirche verknüpft war. Der heilige Vitus war Schutzpatron dieser Gemeinde, der Gedenktag war der 15. Juni. Auf dem darauf folgenden Wochenende wurde das Patronatsfest und das Schützenfest gefeiert. Wir Kinder freuten uns natürlich ganz besonders auf dieses Schützenfest, weil es Karussells gab, Schießbuden und sonstige Marktstände, die allerlei Interessantes für uns Kinder boten. Ich kann mich erinnern, dass eine Fahrt mit dem Karussell 10 Reichspfennige kostete; das waren kleine Papierscheine. Am 18. Juli 1948 wurde nun bekannt gegeben, dass es am 20. Juli die Währungsreform geben sollte und jeder sein „Kopfgeld" abzuholen hatte. Die Kirmes wurde am 19. Juli eröffnet und meine Eltern gaben mir ein Bündel mit Geldscheinen, es waren 70 Scheine im Wert von jeweils 10 Pfennigen, für einen kleinen Jungen ein Vermögen für eine Kirmes. Sie gaben mir dieses Bündel Scheine, setzten mich auf ein Pferd des Karussells, machten einen Spaziergang und ich fuhr den ganzen Nachmittag Karussell. Ich gab einen 10-Reichspfennigschein nach dem anderen für eine Runde aus und fühlte mich wie ein Schützenfestkönig. Diesen Schützenfestnachmittag werde ich in meinem Leben nicht vergessen, er ist meine ganz persönliche Erinnerung an die Währungsreform von 1948, denn am nächsten Tag war es vorbei mit diesem Kinderparadies, denn dann kostete jede Fahrt auch wiederum 10 Pfennige, aber zu „neuen Preisen" – sie waren um ein Zehnfaches teurer als am Tag vorher und es gab Wichtigeres zu kaufen.

Seite 154
Aufgabe 1

Vor der Währungsreform gab es die Situation, dass sehr viel mehr Reichsmark im Umlauf war als Güter, die man dafür hätte kaufen können. Dies bedeutet i. d. R., dass das Geld nichts wert war. Gerade dies ist ein Grund gewesen für die Entwicklung von Schwarzmärkten und von einer anderen Währung, der Zigarettenwährung. Wenn mit einer Währungsreform dieses alte Geld in einem bestimmten Verhältnis zum neuen ungültig gemacht wird, dann ist es von einem Tag zum anderen nichts mehr wert und man kann damit nichts mehr kaufen. Es ist so, als wenn man mit einem Staubsauger das Geld aus der Wirtschaft herauszieht. Damit wird eine Grundlage für eine neue Währung geschaffen. Dies war dann das berühmte „Kopfgeld" für jeden Bürger am 20. Juli 1948.

Hinweis: In der öffentlichen Diskussion wurde häufig die Umstellung auf den Euro mit einer Währungsreform verwechselt, wie sie 1948 stattgefunden hat. Bei der Einführung des Euro handelte es sich um eine **Währungsumstellung** und nicht um eine **Währungsreform**, d. h. die DM wurde nur in einem bestimmten Wechselverhältnis auf den Euro umgerechnet. Dies bedeutete also **keine Entwertung der DM**, sondern mit der Einführung des Euro wurde eine andere Recheneinheit eingeführt. Da aber noch viele Bürger die Erfahrung des Jahres 1948 in Erinnerung haben, ist man insbesondere in Deutschland sehr sensibel, wenn es Veränderungen beim Geld gibt. Denn eine Währungsreform wie 1948 gab es schon einmal 1923, die als die „große Inflation" bekannt ist. Dies bedeutet, dass manche Bürger in ihrem Leben zweimal eine Währungsreform erlebt und große Verluste erlitten haben. Sie sind deshalb besonders aufmerksam und sensibel, wenn es Änderungen im Zusammenhang mit der Europäischen Wirtschafts- und Währungsunion gibt.

Aufgabe 2

Viele Geschäftsleute haben erwartet, dass es eine Währungsreform geben würde und keiner wollte deshalb gute Waren gegen „schlechtes" Geld eintauschen. Nach der Währungsreform war es anders: Jetzt hatten die Bürger wieder „gutes" Geld und die gehorteten Waren kamen in die Läden.

Hinweis: Andererseits versuchten natürlich diejenigen, die noch große Geldbestände hatten, diese vor der Währungsreform loszuwerden, weil sie wussten, dass ihr Geld nach der Währungsreform nur noch wenige Prozent des neuen Geldes wert sein würde. In solchen Situationen sind immer diejenigen besser gestellt, die über Waren verfügen, denn die realen Gegenstände werden durch die Währungsreform in ihrem Wert kaum berührt. Aus der damaligen Zeit wissen wir, dass es viele Geschäfte und Unternehmen gab, die ihre Schulden noch schnell vor der Währungsreform mit dem alten Geld bezahlten und damit schuldenfrei wurden und somit teilweise den Grundstock für eine gesunde wirtschaftliche Entwicklung legten. Andererseits waren deren Gläubiger die „Dummen".

Seite 160
Aufgabe 1

Spielregeln: Die Rahmenbedingungen, Ordnungen und Regelungen, mit denen Wirtschaft funktioniert.
Spielzüge: Aktivitäten der Menschen/Unternehmen innerhalb einer Wirtschaft

Aufgabe 2

Grafik siehe S. 143 im Schulbuch

Aufgabe 3

Im Internet:
http://www.ludwig-erhard-stiftung.de/
http://de.wikipedia.org/wiki/Ludwig_Erhard
http://www.dhm.de/lemo/html/biografien/ErhardLudwig/

Richtig oder Falsch?

	Richtig	**Falsch**
In einem marktwirtschaftlichen System lenkt vor allem der Staat/der einzelne Wirtschaftsbürger mit seinen wirtschaftlichen Entscheidungen das Wirtschaftsgeschehen.	X	
In einem zentralverwaltungswirtschaftlichen System arbeitet ein Unternehmen für die Erzielung von Gewinnen bzw. für die Erfüllung von staatlichen Planvorgaben.	X	
In einem marktwirtschaftlichen System gibt es vor allem Staatseigentum, da dem Bürger nichts gehört.	X	
In einem zentralverwaltungswirtschaftlichen System kann ein Unternehmen völlig allein entscheiden, was es produziert.		X

Arbeitsblatt: Staat und Wirtschaft

Grundfragen jeder Wirtschaftsordnung

1

2

3

4

Da die Güter knapp sind, müssen in jeder Volkswirtschaft vier Grundfragen geklärt werden.

Aufgabe:
Nenne die auf den Bildern dargestellten Probleme.

1. ______________________________

2. ______________________________

3. ______________________________

4. ______________________________

Lösungsblatt: Staat und Wirtschaft

Grundfragen jeder Wirtschaftsordnung

Da die Güter knapp sind, müssen in jeder Volkswirtschaft vier Grundfragen geklärt werden.

Aufgabe:
Nenne die auf den Bildern dargestellten Probleme.

1. Was soll produziert werden?
2. Für wen soll produziert werden?
3. In welcher Menge soll produziert werden?
4. Wie soll produziert werden?

Arbeitsblatt: Staat und Wirtschaft

Die Eigentumsrechte

Aufgabe:
Gabi Steinke hat Eigentumsrechte an ihrem Fahrrad. Beschreibe diese.

1. ______________________________

2. ______________________________

3. ______________________________

4. ______________________________

Lösungsblatt: Staat und Wirtschaft

Die Eigentumsrechte

Aufgabe:
Gabi Steinke hat Eigentumsrechte an ihrem Fahrrad. Beschreibe diese.

1. Gabi kann ihr Fahrrad benutzen.
2. Gabi kann ihr Fahrrad verändern. z. B. lackieren.
3. Gabi kann ihr Fahrrad verleihen.
4. Gabi kann ihre Eigentumsrechte an einen anderen abtreten, z. B. durch Verkauf.

Arbeitsblatt: Staat und Wirtschaft

Wie wird der wirtschaftliche Erfolg gemessen?

Aufgaben:

1. Die Grafik ist noch unvollständig. Ergänze im linken und im rechten Kasten die richtigen Begriffe und erkläre sie kurz.

Erträge

– Aufwendungen

- - - - - - - - - - - - - - - -

= Rohgewinn

– Steuern

– Unternehmerlohn

- - - - - - - - - - - - - - - -

= Gewinn/Verlust

2. Wann muss in der letzten Zeile des mittleren Kastens „Verlust“ stehen?
Erkläre dies mit einem Satz.

Lösungsblatt: Staat und Wirtschaft

Wie wird der wirtschaftliche Erfolg gemessen?

Aufgaben:

1. Die Grafik ist noch unvollständig. Ergänze im linken und im rechten Kasten die richtigen Begriffe und erkläre sie kurz.

Linker Kasten	Mittlerer Kasten	Rechter Kasten
Aufwendungen →	**Erträge** ←	Erträge
Dies sind alle Kosten, die in einem Betrieb anfallen, z. B. Materialkosten, Löhne, Abschreibungen.	– **Aufwendungen**	Dies sind alle Einnahmen eines Betriebes durch Verkauf von Sachgütern und Dienstleistungen.
	= **Rohgewinn**	
	– Steuern	
	– Unternehmerlohn	
	= **Gewinn/Verlust**	

2. Wann muss in der letzten Zeile des mittleren Kastens „Verlust" stehen?
Erkläre dies mit einem Satz.

Hier muss Verlust stehen, wenn die Aufwendungen höher sind als die Erträge.

Test: Staat und Wirtschaft

Name: ______________________ Klasse: _____ Datum: ________ Punkte

1. Erläutere mit Hilfe eines Beispiels, welchen Sinn Regeln haben.

____

____

____

____ ________

2. Nenne die vier Grundfragen, die in jeder Volkswirtschaft gelöst werden müssen.

____

____

____

____

____ ________

3. Die Marktwirtschaft beruht auf vier Ordnungselementen. Nenne diese.

____

____

____

____

____

____ ________

4. Oliver Stammler hat sich Inline-Skater gekauft, Welche Eigentumsrechte hat er damit erworben?

____

____

____

____

____

____ ________

Test/Lösungen: Staat und Wirtschaft

Name: ____________ Klasse: ______ Datum: ________ Punkte

1. Erläutere mit Hilfe eines Beispiels, welchen Sinn Regeln haben.

Im Straßenverkehr sorgen Regeln dafür, dass alle in einer bestimmten Weise fahren. Dies schafft Verhaltenssicherheit. Dadurch werden Unfälle vermieden.

2. Nenne die vier Grundfragen, die in jeder Volkswirtschaft gelöst werden müssen.

- Was soll produziert werden?
- Für wen soll produziert werden?
- In welcher Menge soll produziert werden?
- Wie soll produziert werden?

3. Die Marktwirtschaft beruht auf vier Ordnungselementen. Nenne diese.

- Die Wirtschaftssubjekte planen und entscheiden selbstständig. Es gibt keine zentrale Planung und Lenkung durch den Staat.
- Es gibt Privateigentum an den Produktionsmitteln.
- Die Preisbildung erfolgt über Angebot und Nachfrage auf Märkten.
- Die Unternehmen streben danach Gewinne zu erzielen.

4. Oliver Stammler hat sich Inline-Skater gekauft, Welche Eigentumsrechte hat er damit erworben?

- Er kann andere von der Nutzung ausschließen.
- Er kann sie im Rahmen geltender Rechte nutzen.
- Er kann sie verändern, z. B. anmalen.
- Er kann sein Eigentumsrecht an andere übertragen, zeitweise (verleihen) oder auf Dauer (Verkauf).

VII Ökonomie und Ökologie

Didaktische Konzeption

Mit dem Kapitel „Ökonomie und Ökologie" wird ein besonders schwieriger Sachverhalt für jede Wirtschaftsordnung angesprochen, nämlich: Wie können die natürlichen Lebensgrundlagen für die Menschen eines Landes gesichert werden?

Die Bewältigung der gravierenden Umweltprobleme gehört zu den größten Herausforderungen des 21. Jahrhunderts. Diese Herausforderungen können nur dann mit Aussicht auf Erfolg gemeistert werden, wenn die Menschen bereit sind, an den notwendigen Maßnahmen zum Erhalt der natürlichen Lebensgrundlage eigenverantwortlich mitzuwirken und entsprechend umweltbewusst zu handeln. In diesem Kapitel wird aufgezeigt, wie wir durch unser tägliches Verhalten und insbesondere unser wirtschaftliches Handeln Boden, Wasser und Luft verschmutzen und damit unsere natürlichen Lebensgrundlagen zerstören. Im Mittelpunkt der Betrachtung sollte dabei das Verhältnis von Ökonomie und Ökologie stehen.
Entsprechende Maßnahmen zum Erhalt unserer natürlichen Umwelt können nur dann tragfähig sein, wenn die unterschiedlichen, interdependenten Ebenen berücksichtigt werden (vgl. nachfolgende Abb.).

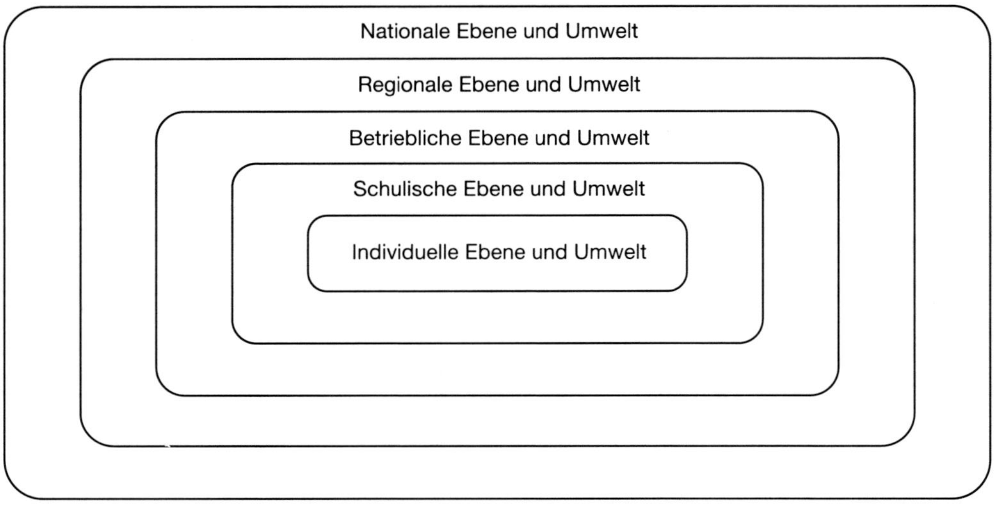

- *Individuelle Ebene:* Auf der individuellen Ebene können den Schülerinnen und Schülern Handlungsmöglichkeiten zum Schutz der Umwelt aufgezeigt werden. Hierbei ist allerdings zu berücksichtigen, dass ihnen die Konflikte zwischen individuellen Möglichkeiten und betrieblichen, volkswirtschaftlichen und gesellschaftlichen Restriktionen bewusst werden, und sie – neben den notwendigen individuellen Bemühungen – Lösungsmöglichkeiten im politischen Bereich erkennen.
- *Schulische Ebene:* Auf der schulischen Ebene ist die Möglichkeit gegeben, Umweltkompetenz in Form von Probehandeln zu entwickeln und zu üben. Die Schule kann in dieser Hinsicht eine Vorbildfunktion übernehmen, wenn sie sich bemüht, Schulleben und Schulgestaltung systematisch ökologisch auszurichten.
- *Betriebliche Ebene:* Betrieben kommt eine entscheidende Funktion hinsichtlich der Verminderung bzw. Vermeidung von Umweltbelastungen aufgrund von Produktions- und Konsumaktivitäten zu. Neben den wirtschaftlichen Notwendigkeiten im Sinne der Erzielung von Gewinn, Sicherung der Arbeitsplätze usw. haben sie eine Verantwortung hinsichtlich der Erhaltung der Lebensgrundlagen, der sie sich nicht entziehen dürfen.
- *Regionale Ebene:* Zentrale Ziele der Umweltbildung sind nicht zu erreichen, wenn die Schülerinnen und Schüler den Wirtschaftsraum nicht ausreichend kennen, in dem sie leben. Am Beispiel des regionalen Wirtschaftsraums können umweltökonomische Zusammenhänge durchschaubar gemacht und verdeutlicht werden. Weiterhin unterstützt der regionale Ansatz das Prinzip des entdeckenden Lebens (z. B. bei Erkundungen) und bietet die Chance, den Unterricht ausgehend von den Aktivitäten der Schülerinnen und Schüler zu gestalten.

- *Nationale Ebene:* Hinsichtlich der Realisierung des Leitbildes einer dauerhaft umweltgerechten Entwicklung kommt der staatlichen Umweltpolitik eine entscheidende Bedeutung zu. Der Staat ist gefordert, die wirtschaftlichen Rahmenbedingungen so zu verändern, dass die Anreize des ökonomischen Systems umweltgerechtes Handeln begünstigen und nicht weiter erschweren. Dies bedeutet jedoch nicht, dass der Einzelne aus der moralischen Verantwortung für den Erhalt der Lebensgrundlagen entlassen ist. Allein ist der Staat mit dieser Aufgabe überfordert; es ist zu berücksichtigen, dass in allen gesellschaftlichen Bereichen abgestimmte Maßnahmen hinsichtlich der Vermeidung von Umweltschäden in die gleiche Richtung weisen müssen, wenn sie erfolgreich sein sollen.
- *Internationale Ebene:* Die Umweltproblematik bedarf als globales Problem internationaler Lösungen. Diese Entwicklung steckt aber erst in den Anfängen; und es ist derzeit noch völlig offen, in welcher Weise es auf internationaler Ebene gelingt, verpflichtende Vereinbarungen zu treffen, so dass ein weltweit ökologisch tragbares „Wohlstandsmodell“ (Weizsäcker) realisiert werden kann.

Als eine wesentliche Aufgabe ist darauf zu achten, dass wirtschaftsberufliche Umweltbildung nicht in „Nebenfelder“ der Diskussion und marginale Größe der Problematik abgleitet. Beispielsweise entfallen nur etwa 5% des Gesamtmülls auf die privaten Haushalte und nicht einmal 10% des Trinkwassers werden in den Haushalten genutzt oder verschmutzt.

Aus didaktischer Sicht ist es wichtig zu erkennen, dass das Verhältnis Ökonomie und Ökologie nicht über Verhaltensappelle an Konsumentinnen und Konsumenten und Unternehmen zu lösen ist, sondern dass sich staatliche Rahmenbedingungen und individuelles Handeln zur Verbesserung der ökologischen Situation gegenseitig stützen müssen.

Literatur

Stiftung Verbraucherinstitut (Hrsg.): Verbraucherbildung in der Schule, Berlin 1993 Themenheft Verbraucher, arbeiten + lernen/Wirtschaft 2/1990

Hübner, M. u. a.: Konsum und Ökologie – Verpackung und Abfall: Unterrichtsmodell für die Sekundarstufe I, Oldenburg 1991

Hartmann, J., Neudeck, R.: Gehört der Grüne Punkt auf den Müll? In: arbeiten und lernen, Heft 15, 1994, S. 36ff.

Lösungsvorschläge zu den Aufgaben

Seite 163
Aufgabe 1

An dem Titelbild sind folgende Umweltprobleme ablesbar:
- CO_2-Ausstoß jeglicher Art verursacht sauren Regen

Aufgabe 2

Bei der Beantwortung dieser Frage muss vorsichtig damit umgegangen werden, die Verursacher für Umweltschäden nur den Unternehmen, den Konsumenten zuzuweisen. Die Ursachen sind sehr komplex und ergeben sich aus einem sich gegenseitig bedingendem Verhalten. Die Konsumenten können sich natürlich umweltbewusster im privaten Haushalt verhalten. Verhaltensappelle reichen häufig nicht aus, wenn ihr verändertes Verhalten offensichtlich keine oder nur geringe ökonomische Vorteile hat.

Aufgabe 3

Staat: kann aktiv werden, indem er durch Anreize ein umweltverträgliches Verhalten fördert, umweltschädigendes Verhalten bestraft und umweltfreundliches Verhalten belohnt, z. B. durch Steuern, Subventionen, Gebote und Verbote.

Unternehmen: können aktiv zum Umweltschutz beitragen, indem sie durch den Einsatz neuer Techniken umweltschonende Herstellungsverfahren nutzen, knappe Rohstoffe substituieren, mit Material sparsam umgehen, wiederverwenden und recyceln und umweltschutzbezogene Maßnahmen beim Absatz ergreifen (ökologieorientiertes Marketing).

Private Haushalte: die privaten Haushalte können umweltfreundliche Produkte kaufen, den Gebrauch des Autos reduzieren, Wasser und Energie sparsam verbrauchen, usw.

Ökologische Produkte sind oft teuer. Unternehmen müssen jedoch darauf achten, wettbewerbsfähig zu bleiben. Produkte, die die ökologisch bewusst produziert worden sind, werden aufgrund ihres Preises von den Konsumenten nicht gekauft. Das Unternehmen verdrängt sich selbst vom Markt, solange sich auch die anderen Unternehmen nicht für eine ökologische Produktion entscheiden.

Ein ökologisches Bewusstsein muss bei den Bürgern erzeugt werden. Es reicht jedoch nicht aus, wenn der Staat falsches Verhalten nicht bestraft, d.h. solch ein Verhalten teuer macht. Dafür hat der Staat umweltpolitische Zielsetzungen zu realisieren, die für die Bürger nachvollziehbar sein müssen. Wenn die Bürger z. B. mit einer Ökosteuer über den Benzinpreis belastet werden, aber sehen, dass diese Steuer vor allem jene trifft, die auf ihr Auto nicht verzichten können, dann wird dies als ungerecht empfunden. In diesem Fall würde höhere Einsicht in solche Maßnahmen erzeugt, wenn zu erkennen wäre, dass z. B. die Steuereinnahmen gleichzeitig für die Verbesserung anderer Verkehrssysteme verwendet würden.

Seite 164
Aufgabe 1

Zur Erstellung der Checkliste kann der Text auf Seite 164 verwendet werden. Es bietet sich auch an, die Verbraucherberatungsstellen in Anspruch zu nehmen, die zum ökologischen Bereich umfangreiche Materialien bereitstellen.

→ *Arbeitsblatt: Checkliste für umweltfreundliches Verhalten im Haushalt (Seite 148)*
→ *Lösungsblatt: Checkliste für umweltfreundliches Verhalten im Haushalt (Seite 149)*
→ *Arbeitsblatt: Das „Öko-Haus"-Spiel (Seite 150ff.)*

Aufgabe 2

Es kommt auf jeden Bürger an, seinen Beitrag zur Verbesserung der ökologischen Situation zu leisten und es sollte sich auch keiner damit entschuldigen, dass sein Beitrag zu gering sei. Vergleiche aber auch die Aufgabe 3 auf Seite 163.

Seite 166
Aufgabe 1

Mit Umweltschutz lässt sich Geld verdienen, da Unternehmen immer strengeren Umweltauflagen gerecht werden müssen und sie damit Steuern sparen können. Öko-Produkte erschließen neue Absatzmärkte im In- und Ausland. Rohstoffe- und energiesparende Maßnahmen verringern die Produktionskosten und erweisen sich damit als Wettbewerbsvorteile.
Mit umweltbewussten Produkten wird in der Bevölkerung immer eine bestimmte Käufergruppe angesprochen, die auch bereit ist, dafür höhere Preise zu zahlen, so dass ein Unternehmen mit solchen Produkten gut verdienen kann. Das Umweltargument wird von diesen Unternehmen häufig in der Werbung verwendet um sich auf diese Weise von der Konkurrenz abzugrenzen.
Allerdings lässt sich auch beobachten, dass einige Unternehmen mit dem Umweltargument Schindluder betreiben, d.h., sie versuchen die Konsumenten zu übertölpeln und sich ihre Produkte überteuert bezahlen zu lassen. Hier ist also Vorsicht geboten!

Aufgabe 2

Individuelle Lösung. Beispiele könnten sein: Ver- und Entsorger/in mit den Fachrichtungen Abfall, Wasserversorgung, Abwasser; Biologielaborant/in, Umweltschutztechnike/r Assistent/in; Landwirtschaftlich-technische/r Assistent/in.

Aufgabe 3

Argumente für eine Diskussion können mit Hilfe des Textes von Seite 166 zusammengestellt werden. Insgesamt ist Vorsicht geboten bei der Beurteilung des Sachverhaltes, weil hier zu beobachten ist, dass es eine Vielzahl von interessenpolitischen Argumenten z. B. aus der Sicht von Unternehmen, von Umweltschutzverbänden gibt.

Pro: neue Produktionsstätten, Umweltberufe und Arbeitsplätze werden geschaffen durch Entwicklung, Durchsetzung und Überwachung von Umweltschutz

Kontra: Hohe Umweltschutzauflagen können Unternehmen veranlassen, ihren Standort ins Ausland zu verlagern. Die Folge sind weniger Industrieansiedlungen, Produktionsstätten und damit weniger Arbeitsplätze und geringeres Wirtschaftswachstum.

Seite 169
Aufgabe 1

Individuelle Lösungen

→ *Arbeitsblatt: Tabelle der Berufsmerkmale, Landwirt/in (Seite 153)*
→ *Lösungsblatt: Tabelle der Berufsmerkmale, Landwirt/in (Seite 154)*
→ *Arbeitsblatt: Tabelle der Berufsmerkmale, Fischwirt/in – Fischhaltung und Fischzucht (Seite 155)*
→ *Lösungsblatt: Tabelle der Berufsmerkmale, Fischwirt/in – Fischhaltung und Fischzucht (Seite 156)*

Seite 170
Aufgabe 1

a) und b) Es können die Aussagen des Textes wiederholt werden. Die soziale Umwelt kann aufgegliedert werden in eine nähere soziale Umwelt (Familie, Freundeskreis, Klasse, Sportmannschaft usw.) und in eine weitere soziale Umwelt (Kirchengemeinschaft, Bevölkerung eines Landes, Sportverein usw.). Wenn soziale Beziehungen beschädigt oder gestört werden, kann von Umweltschäden gesprochen werden. So ist z. B. Hass zwischen Religionsgemeinschaften, wie wir es im Januar/Februar 2006 erlebt haben, eine massive soziale Umweltschädigung.
Die gebaute Umwelt kann beispielsweise mit Hilfe eines Stadtplans und anderer Hilfsmittel ganz konkret auf die Schulumgebung bezogen werden. Umweltschäden können hier durch Zerstörung, Verschmutzung, Beschädigung eintreten.

Aufgabe 2

Dienstleistungen für Unternehmen: Reinigungskräfte, Umweltschutzingenieure, Abfall-Entsorger, usw.
Entsorgungsunternehmen: Alle Arbeitskräfte, die in diesem Bereich tätig sind, z. B. ein Kfz-Mechatroniker, der bei einem Ölentsorger arbeitet, oder ein Chemielaborant, der in einer Kläranlage arbeitet.
Energie, Wasserversorgung: Elektroberufe, Installateure
Industrie, Bergbau: Laboranten, Arbeiter in unternehmenseigenen Entsorgungsabteilungen, Umweltschutzbeauftragter, Ingenieure und Handwerker im Belüftungs-, Klimabereich
Unterrichtswesen, Interessenverbände: Lehrkräfte unterschiedlicher Fächer von Wirtschaft bis Naturwissenschaften, Sozialwissenschaftler, Naturwissenschaftler, Rechtsanwälte
Handel: Einzelhandelskaufleute, kaufmännische Assistenten
Verkehr, Nachrichtenübermittlung: Kraftfahrer, Ingenieure
Baugewerbe: Alle Bauberufe haben mit Umweltfragen zu tun.
Öffentliche Verwaltung: Städtische Abfallwirtschaft, Sachbearbeiter, die für die Abfallwirtschaft zuständig sind.
Land- und Forstwirtschaft: Alle Berufe in diesem Bereich: Forstwirt, Fischwirt, Landwirt
Gastgewerbe: Hotelfachleute, Köche

Aufgabe 3

Individuelle Lösungen

Aufgabe 4

Informationen gibt es bei www.foej.de und mit Hilfe der Google-Suche.

Arbeitsblatt: Ökonomie und Ökologie

Checkliste für umweltfreundliches Verhalten im Haushalt

1. Einkauf	
2. Waschen	
3. Hausputz	
4. Entsorgung von Haushaltsabfällen	

Lösungsblatt: Ökonomie und Ökologie

Checkliste für umweltfreundliches Verhalten im Haushalt

1. Einkauf	Kauf von umweltverträglichen Reinigungsmitteln, Getränke im Glas statt in Dosen kaufen
2. Waschen	Wäsche auf der Leine statt im Trockner trocknen, duschen statt baden, Waschmittel gering dosieren.
3. Hausputz	umweltfreundliche Putzmittel verwenden, Putzmittel gering dosieren.
4. Entsorgung von Haushaltsabfällen	organische Küchenabfälle auf den Kompost bzw. in die Biomülltonne geben, langlebige und reparaturfreundliche Produkte kaufen, Altpapier statt Neupapier verwenden.

Arbeitsblatt: Ökonomie und Ökologie

Arbeitsblatt: Ökonomie und Ökologie

Das „Öko-Haus“-Spiel

Was ihr für das Spiel braucht
1. Spielfiguren: Die Spielfiguren müsst ihr euch selbst besorgen, z. B. Anspitzer, Radiergummis oder Setzer.
2. Zubehör: Zwei Würfel und für jeden Spieler/jede Spielerin eine Spielliste, siehe unten.

Ziel des Spiels
Möglichst viele „Öko-Punkte“ zu ergattern oder gemeinsam (siehe Spielvariante) das Haus und den Garten von umweltschädlichen Stoffen zu befreien.

Spielanleitung

Der jüngste Spieler beginnt, da er die „kürzeste Umwelterfahrung“ hat. Er würfelt mit zwei Würfeln und zählt die Augenzahl zusammen, z. B. 2 + 3 = 5. Er darf dann seine Spielfigur in den Raum Nr. 5 stellen. Dort macht er zwei Vorschläge zur ökologischen Verbesserung des Raumes, z. B. Insektenspray entfernen, dafür Fliegengitter vor das Fenster. Er trägt die Vorschläge in seine Spielliste ein, muss aber einen Vorschlag der Spielrunde mitteilen. Er wird natürlich den Vorschlag mitteilen, den er für einfacher hält. Wenn ein zweiter Mitspieler in den Raum kommt, hat er es einfacher, da er einen Vorschlag von seinem Mitspieler schon kennen müsste. Kommt ein Spieler in einen Raum, den er schon ökologisch verbessert hat, darf er noch einmal würfeln.
Das Spiel ist zu Ende, wenn ein Mitspieler ankündigt, dass er alle Räume und den Garten sauber hat. Dann wird ausgewertet.

Verteilung der Punkte
Pro richtigen Vorschlag erhält der Spieler/die Spielerin einen Punkt. Ist ein Raum ganz sauber und sind die Lösungen richtig, dann gibt es Prämienpunkte entsprechend der Nummer des Raumes oder des Gartens (z. B. für Raum 6 gibt es 6 Zusatzpunkte).

Spielvariante
Eine zweite Möglichkeit, das Spiel zu spielen:
Die Spielgruppen in der Klasse spielen gegeneinander. Die Spielerinnen und Spieler einer Gruppe haben eine gemeinsame Spielliste und können, wenn jemand aus der Gruppe in einen Raum kommt, die beiden Verbesserungsvorschläge diskutieren und eventuell verändert in die Liste eintragen. Die Gruppe, die das Haus als erste ökologisch überprüft hat, kann das Spiel stoppen. Die Klasse kontrolliert die Spielergebnisse der Gruppen gemeinsam. Die Gruppe, die das Spiel gestoppt hat, bekommt pro Fehler zwei Punkte abgezogen.

Spielliste

Raum	Produkt	Kann ersetzt werden durch	Entsorgungsvorschlag	Punkte
5	Insektenspray	Fliegengitter	Sondermüll	1

Vergrößert Euch das Spiel auf DIN-A3!

Arbeitsblatt: Ökonomie und Ökologie

Raum	Produkt	Kann ersetzt werden durch	Entsorgungsvorschlag	Punkte

Arbeitsblatt: Ökonomie und Ökologie

Tabelle der Berufsmerkmale

Beruf: Landwirt/in

Was sind meine Arbeitsaufgabe und Tätigkeiten?	
Wo arbeite ich? (im Freien, im Gebäude, immer am selben Ort usw.)	
Mit welchen Arbeitsmitteln muss ich umgehen? (Werkzeuge, Maschinen, Geräte usw.)	
Was ist der Gegenstand, mit dem ich umgehe? (Menschen, Material, Pflanzen usw.)	
Welche beruflichen Anforderungen werden an mich gestellt? (geistige, körperliche, soziale usw.)	
Welche persönlichen Anforderungen werden an mich gestellt? (Selbstständigkeit, gute Kenntnisse in einem Fach usw.)	
Weitere Fragen Ausbildungsdauer Anzahl der Auszubildenden 2004 Merkmale, die mich interessieren, die aber nicht im Text stehen	

Lösungsblatt: Ökonomie und Ökologie

Tabelle der Berufsmerkmale

Beruf: Landwirt/in

Was sind meine Arbeitsaufgabe und Tätigkeiten?	landwirtschaftliche und tierwirtschaftliche Produkte erzeugen
Wo arbeite ich? (im Freien, im Gebäude, immer am selben Ort usw.)	im Freien: Felder etc. in Gebäuden: Ställe
Mit welchen Arbeitsmitteln muss ich umgehen? (Werkzeuge, Maschinen, Geräte usw.)	Maschinen wie Traktoren, Mähdrescher, Melkanlagen
Was ist der Gegenstand, mit dem ich umgehe? (Menschen, Material, Pflanzen usw.)	Pflanzen und Tiere, Menschen (Kunden)
Welche beruflichen Anforderungen werden an mich gestellt? (geistige, körperliche, soziale usw.)	Kenntnisse über Anbau/Einkauf, Pflege und Verkauf von Pflanzen und Tieren, technische Fähigkeiten
Welche persönlichen Anforderungen werden an mich gestellt? (Selbstständigkeit, gute Kenntnisse in einem Fach usw.)	Interesse an Vorgängen in der Natur (Biologie), gerne körperlich arbeiten, Tierliebe, gutes Handgeschick, gerne alleine arbeiten
Weitere Fragen	
Ausbildungsdauer	3 Jahre
Anzahl der Auszubildenden 2004	9 196
Merkmale, die mich interessieren, die aber nicht im Text stehen	Verdienst, Urlaub, Arbeitszeiten

Arbeitsblatt: Ökonomie und Ökologie

Tabelle der Berufsmerkmale

Beruf: Fischwirt/in – Fischhaltung und Fischzucht

Was sind meine Arbeitsaufgabe und Tätigkeiten?	
Wo arbeite ich? (im Freien, im Gebäude, immer am selben Ort usw.)	
Mit welchen Arbeitsmitteln muss ich umgehen? (Werkzeuge, Maschinen, Geräte usw.)	
Was ist der Gegenstand, mit dem ich umgehe? (Menschen, Material, Pflanzen usw.)	
Welche beruflichen Anforderungen werden an mich gestellt? (geistige, körperliche, soziale usw.)	
Welche persönlichen Anforderungen werden an mich gestellt? (Selbstständigkeit, gute Kenntnisse in einem Fach usw.)	
Weitere Fragen Ausbildungsdauer Anzahl der Auszubildenden 2004 Merkmale, die mich interessieren, die aber nicht im Text stehen	

Lösungsblatt: Ökonomie und Ökologie

Tabelle der Berufsmerkmale

Beruf: Fischwirt/in – Fischhaltung und Fischzucht

Was sind meine Arbeitsaufgabe und Tätigkeiten?	Zucht und Fang von Fischen, Krebstieren und Muscheln
Wo arbeite ich? (im Freien, im Gebäude, immer am selben Ort usw.)	größtenteils im Freien (Teichanlagen)
Mit welchen Arbeitsmitteln muss ich umgehen? (Werkzeuge, Maschinen, Geräte usw.)	z. B. Fischfanggeräte, Transporttanks, Arbeitsboote
Was ist der Gegenstand, mit dem ich umgehe? (Menschen, Material, Pflanzen usw.)	Fische
Welche beruflichen Anforderungen werden an mich gestellt? (geistige, körperliche, soziale usw.)	Fische aufziehen, verarbeiten und verkaufen; selbstständige Arbeitsweise; technisches Verständnis
Welche persönlichen Anforderungen werden an mich gestellt? (Selbstständigkeit, gute Kenntnisse in einem Fach usw.)	Interesse an Biologie, gerne körperlich arbeiten in freier Natur, gute Beobachtungsgabe, Fingergeschick
Weitere Fragen	
Ausbildungsdauer	3 Jahre
Anzahl der Auszubildenden 2004	314
Merkmale, die mich interessieren, die aber nicht im Text stehen	Verdienst, Urlaub, Arbeitszeiten

VIII Fertigung von Gütern und Maschinen

Didaktische Konzeption

Im Mittelpunkt dieses Kapitels steht die Vorgehensweise bei der Produktion materieller Güter sowie der Aufbau und die Funktion der dafür eingesetzten Maschinen.
Im ersten Abschnitt wird zunächst ein Überblick über die Vielfalt der Werkstoffe gegeben und an konkreten Beispielen die Be- und Verarbeitungseigenschaften sowie die Gebrauchseigenschaften analysiert.
Zur Sicherung eines engen Praxisbezugs und eines handlungsorientierten Unterrichts wird zugleich eine Anleitung für die experimentelle Untersuchung von Be- und Verarbeitungseigenschaften von Werkstoffen gegeben.

Im zweiten Abschnitt wird exemplarisch an zwei Beispielen die Vorgehensweise bei der Fertigung von Produkten dargestellt. Diese Beispiele sollen den Schülerinnen und Schülern helfen, bereits vorhandenes Wissen und Können zum prinzipiellen Vorgehen bei der Schaffung neuer bzw. der Verbesserung vorhandener Produkte zu festigen und zu systematisieren.
Der enge Bezug zur praktischen Tätigkeit in der Schulwerkstatt trägt dazu bei, grundlegende Fähigkeiten zur Bewältigung technischer Problemstellungen zu erwerben und eigenes schöpferisches Denken und Handeln zu entwickeln.

Die Abschnitte „Aufbau und Funktion von Maschinen" und „Entwicklung von Maschinen" bauen ebenfalls auf bereits vorhandenes technisches Grundwissen auf und systematisieren es. Den Schülerinnen und Schülern soll deutlich werden, dass die Vielfalt der Maschinen und ihrer Bauteile durch die Reduzierung auf ihre grundlegenden Funktionen überschaubarer und damit leichter erfassbar gemacht werden können.
Im Abschnitt „Entwicklung von Maschinen" kommt es besonders darauf an, den Zusammenhang zwischen technischer Entwicklung und den Anforderungen an die Arbeitnehmer, besonders an ihre fachliche Qualifikation, herauszuarbeiten. Die Schülerinnen und Schüler sollten zu der Erkenntnis gelangen, dass nur eine ständige Fortbildung die Gewähr bildet, den sich ständig verändernden Anforderungen im Berufsleben gewachsen zu sein.

Lösungsvorschläge zu den Aufgaben

Seite 172
Aufgabe 1

→ *Arbeitsblatt: „Holzarten und ihre Unterscheidung" (Seite 162)*
→ *Lösungsblatt: „Holzarten und ihre Unterscheidung" (Seite 163)*

Aufgabe 2

Individuelle Lösungen z. B.

Holz:
- lässt sich gut bearbeiten
- schafft wohnliche Atmosphäre
- durch Farbe und Maserung individuelle Gestaltung möglich

Edelstahl:
- leichte Pflege
- gutes Aussehen
- lange Lebensdauer

Porzellan:
- vielfältige Form- und Farbgestaltung
- einfache Pflege
- hohe Beständigkeit gegenüber aggressiven Stoffen (Säuren)
- hitzebeständig

Seite 173
Aufgabe 1

→ *Arbeitsblatt: „Eigenschaften von Werkstoffen" (Seite 164)*
→ *Lösungsblatt: „Eigenschaften von Werkstoffen" (Seite 165)*

Seite 174
Aufgabe 1

Individuelle Lösungen z. B.

Baumwolle	– für Textilien aller Art, besonders für Kleidung
Holz	– für Möbel und Baumaterial, Papier
Flachs (Leinen)	– für Textilien aller Art
Rapsöl	– als Schmierstoffe und Treibstoff
Schafwolle	– für Textilien und als Dämmstoff
Stroh	– als Grundlage für Leichtbauelemente
Kokosfasern	– für Raumtextilien und als Dämmstoff

Seite 175
Aufgabe 1

Individuelle Lösungen z. B.

Föhn	– Gewichtsverminderung durch Einsatz hochfester und hitzebeständige Kunststoffe
Küchenmaschine	– Gewichtsverminderung durch Leichtbaukonstruktion und teilweisen Ersatz von Stahl durch Kunststoff bei Getriebeteilen
Bügeleisen	– durch Einsatz von Edelstahl und Kunststoff Gewichtsverminderung
Flachbildschirm für den PC	– geringerer Platzbedarf durch Einsatz neuer Technologie (Flüssigkristalle)

Aufgabe 2

Individuelle Lösungen

Seite 180
Aufgabe 1

Grundlage für die Lösung der Aufgabenstellung ist die Zeichnung auf Seite 181. Dort sind alle Teile des Räucherhauses dargestellt.

Arbeitsschritte für die Fertigung der Teile für das Dach

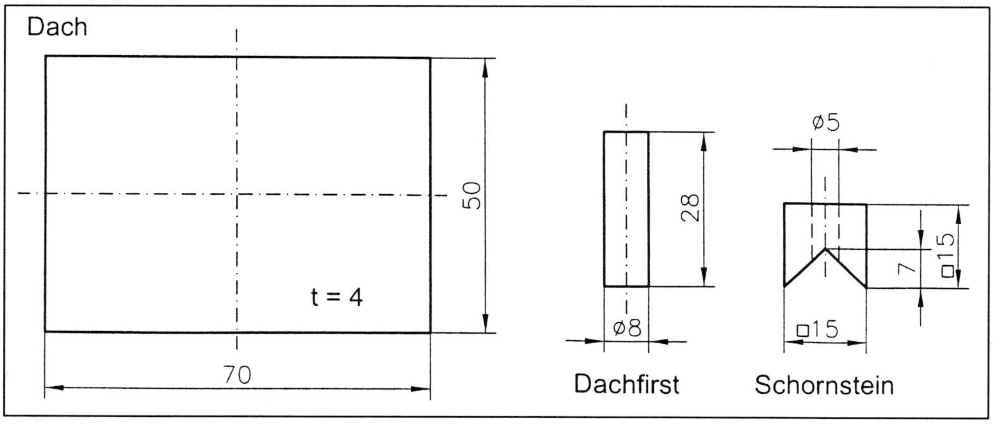

1. Arbeitsschritt: Dachplatten anreißen
Es werden Brettstücke von der Mindestgröße 80 x 60 mm, 4 mm dick gesucht. Eine Seite wird als Bezugskante festgelegt. Davon ausgehend werden die Seitenmaße (70 x 50) für das Dach angerissen.

2. Arbeitsschritt: Dachplatten aussägen
Die Dachplatten werden am Anriss auf Maß (70 x 50) gesägt.

3. Arbeitsschritt: Glätten und Säubern der Kanten
Die vier Seiten der Dachplatten werden wo notwendig mit der Feile nachgearbeitet und anschließend mit Schleifpapier geglättet.

4. Arbeitsschritt: Qualitätskontrolle
Die Maße und die Beschaffenheit der Schnittflächen werden überprüft.

In gleicher Weise werden von den Schülern die Arbeitsschritte für die anderen Bauteile des Räucherhauses erarbeitet.

Aufgabe 2

Zum Erstellen des Arbeitsplanes kann die Vorlage auf Seite 182 genutzt werden.

Benennung: Dach Räucherhaus **Werkstoff:** Holz **Abmessungen:** 50 x 4 x 70		**Zeichnungs-Nr.**: 1 **Losgröße:** 2	
Arbeits-folge	**Arbeitsvorgang Vorrichtung**	**Arbeitsplatz**	**Werkzeug**
1	Dachplatten anreißen	Werkbank	Stahlmaßstab, Bleistift, Winkel
2	Dachplatten aussägen	Werkbank	Schraubstock, Feinsäge
3	Glätten und Säubern der Kanten	Werkbank	Schraubstock, Feile, Schleifpapier
4	Qualitätskontrolle	Werkbank	Zeichnung, Stahlmaßstab

Die Arbeitspläne für die weiteren Bauteile des Räucherhauses erarbeiten die Schüler selbstständig.

Seite 182
Aufgabe 1

Die Vorgehensweise könnte analog wie bei den Aufgaben auf Seite 180 erfolgen.

→ *Arbeitsblätter: Fertigung eines Notizblattständers (Seite 166ff.)*

Seite 185
Aufgabe1

Von links nach rechts:
1 Augenschutz tragen,
2. Warnung vor feuergefährlichen Stoffen,
3. Feuer, offenes Licht und Rauchen verboten,
4. Prüfzeichen: Verband der Elektrotechnik Elektronik Informationstechnik e.V.,
5. Gehörschutz tragen,
6. Prüfzeichen: Geprüfte Sicherheit,
7. Prüfzeichen: Gütesiegel auf allen elektrischen und elektronischen Geräten, verbindlich für alle Staaten der EU

Aufgabe 2

Gebotszeichen:

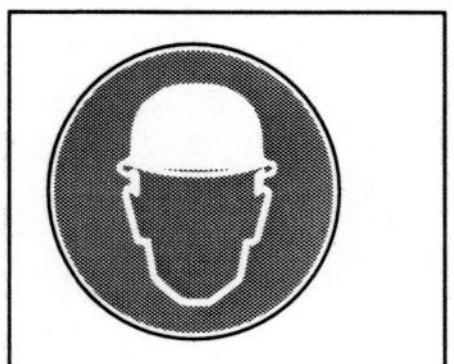
Schutzhelm tragen

Schutzkleidung tragen

Warnzeichen:

Warnung vor giftigen Stoffen

Warnung vor gefährlicher elektrischer Spannung

Verbotszeichen:

Berühren verboten, Gehäuse unter Spannung

Kein Trinkwasser

Rettungszeichen:

Rettungsweg, rechts aufwärts

Notausgang

Seite 186
Aufgabe 1

In dem mit einem Stein beschwerten Querbalken ist der hohle Knochen eingelassen, dessen Spitze sich in einen Stein bohrt, der mit Pflöcken am Boden befestigt ist. Mit Hilfe des Bogens, dessen Bogensehne einmal um den Knochen geschlungen ist, wird dieser hin- und her bewegt. Dadurch wird das Loch in den Stein gebohrt, wobei das Gewicht die Knochenspitze nach unten drückt und der Sand wie Schmirgelpapier wirkt.

Aufgabe 2

Die Auflageplatte (Bohrtisch), die Vorschubeinrichtung, die beim Steinzeitbohrer dem Gewicht entspricht.

Seite 187
Aufgabe 1

(1) Ein Schlips verfängt sich in der rotierenden Spindel; (2) und (3) Bohrsplitter spritzen weg, der Bediener ist nicht durch eine Brille geschützt. (4) Haare verfangen sich in einer Bohrspindel. (5) Das Werkstück ist nicht auf dem Bohrtisch befestigt, der Bediener wird durch das mit der Spindel rotierende Werkstück verletzt.

Aufgabe 2

(1) Beim Bohren darf nur eng anliegende Kleidung getragen werden. (2) und (3) Beim Bohren muss eine Schutzbrille getragen werden. (4) Lange Haare sind unter einer Mütze zu tragen. (5) Werkstücke müssen in den Maschinenschraubstock eingespannt werden.

Seite 188
Aufgabe 1

Küchenmaschine: In der Küchenmaschine wird ebenfalls durch einen Elektromotor **(Antriebsorgan)** elektrische Energie in mechanische Energie umgeformt.
Durch einen Schalter kann der Motor ein- und ausgeschaltet werden. Durch einen weiteren Schalter können je nach Arbeitsaufgabe unterschiedliche Arbeitsgeschwindigkeiten eingestellt werden. Die Schalter erfüllen somit die Funktion des **Steuerorgans**.
Da für die unterschiedlichen Aufgaben einer Küchenmaschine unterschiedliche Arbeitsgeschwindigkeiten notwendig sind und die Antriebsenergie u. U. auf mehrere Werkzeuge verteilt werden muss, sind Getriebe eingebaut worden. Sie übertragen die Antriebsenergie auf das Werkzeug und passen sie an die Anforderungen des jeweiligen Arbeitsganges an. Das sind in der Regel mehrere Teile (Wellen, Kupplungen, Zahnräder). Sie zusammen bilden das **Übertragungsorgan**.
Das Gehäuse und der Ständer halten die Bauteile der Küchenmaschine zusammen und fixieren sie für die jeweilige Arbeitsposition. Sie bilden daher das **Trägerorgan**.
Für die eigentliche Arbeitsaufgabe (Kneten, Zerkleinern, Mischen, Rühren) gehören zu einer Küchenmaschine mehrere auswechselbare Werkzeuge, die für ihre spezielle Funktion konstruiert wurden. Sie sind das **Arbeitsorgan** der Küchenmaschine.
Beim Handmixer ist der Schalter das Steuerorgan, der Motor das Antriebsorgan, die Welle das Übertragungsorgan, das Mixergehäuse das Trägerorgan und die Rühreinrichtung das Arbeitsorgan.

Aufgabe 2

Selbstständiger Aufbau eines Bohrmaschinenmodells mit den in der Schule vorhandenen Baukästen.

Seite 189
Aufgabe 1

Antriebsorgan: Anker, Stator, Kohlestifte
Übertragungsorgan: Ritzel, Zahnrad, Bohrspindel, Bohrfutter
Steuerorgan: Schalter, Schaltgriff
Trägerorgan: Gehäuse, Wälzlager, Buchsen, Sicherungsscheiben
Arbeitsorgan: Bohrer

→ *Arbeitsblatt: Analyse einer Handbohrmaschine (Seite 169)*
→ *Lösungsblatt: Analyse einer Handbohrmaschine (Seite 170)*

Seite 191
Aufgabe 1

→ *Arbeitsblatt: Zuordnung von Funktionsorganen (Seite 171)*
→ *Lösungsblatt: Zuordnung von Funktionsorganen (Seite 172)*

Seite 192
Aufgabe 1

Individuelle Lösungen
Schwerpunkt: Verbesserung der Motoren auf Grund strengerer Vorschriften z. B. „Euro 4", Katalysatoren, Rußfilter für Diesel, Direkteinspritzung

Seite 195
Aufgabe 1

Individuelle Lösungen z. B. Landmaschinen, Baumaschinen, Fahrzeuge, Haushaltsmaschinen

Seite 196
Aufgabe 1

z. B. Bügelsägemaschine, Energieübertragung bei Baumaschinen, Gabelstapler, Hebebühnen, Landmaschinen

Seite 197
Aufgabe 1

Ölbehälter:	Vorratsbehälter, Ausgleich für geringe Ölverluste
Filter:	Verhindert Verschmutzungen im Ölkreislauf
Zahnradpumpe:	Treibt den Ölstrom an, wandelt die Drehbewegung des Elektromotors in eine Linearbewegung des Ölstroms um.
Rückschlagventil:	Verhindert das Zurückfließen des Ölstroms bei Stillstand der Zahnradpumpe
Druckbegrenzungsventil:	Hier kann der Betriebsdruck in der Hydraulikanlage eingestellt werden, bei zu hohem Druck öffnet sich dieses Ventil und ein Teil des Öls fließt in den Ölbehälter zurück, bis der Betriebsdruck wieder eingehalten wird.
Wegeventil:	Damit kann die Richtung des Ölstromes gesteuert werden und auf diese Weise auch die Bewegungsrichtung des Kolbens im Arbeitszylinder.
Stromregelventil:	Regelt den Ölzufluss zum Arbeitszylinder. Je weiter das Ventil geöffnet ist, um so mehr Öl fließt in den Arbeitszylinder und um so schneller bewegt sich der Kolben.
Pressenzylinder:	Hier wird durch den Ölstrom der Kolben in Bewegung gesetzt und der Pressendruck erzeugt.

Aufgabe 2

→ *Arbeitsblatt: Bestimmen der Übertragungsorgane von Maschinen (Seite 173)*
→ *Lösungsblatt: Bestimmen der Übertragungsorgane von Maschinen (Seite 174)*

Seite 199
Aufgabe 1

Der Bogen wird in horizontaler Lage hin- und her bewegt. Über eine Schnur wird die Kraft auf den Bohrer übertragen und abwechselnd in eine Links- bzw. Rechtsdrehung umgewandelt. Als Bohrer dienten mit Sand gefüllte hohle Knochen. Das obere Ende des Bohrers ruht in einem vertikal beweglichen Balken. Dieser besorgt den Vorschub, eine kleine Vertiefung hält den Bohrer in der Senkrechten.

Seite 200
Aufgabe 1

Handbohrer, Feile, Hammer, Zange, Handmixer etc.

Aufgaben 2 und 3

Individuelle Lösungen

Arbeitsblatt: Fertigung von Gütern und Maschinen

Holzarten und ihre Unterscheidung

Holzart	Eigenschaft	Verwendung
________	________ ________ ________	________ ________ ________
________	________ ________ ________	________ ________ ________
________	________ ________ ________	________ ________ ________
________	________ ________ ________	________ ________ ________
________	________ ________ ________	________ ________ ________
________	________ ________ ________	________ ________ ________

Lösungsblatt: Fertigung von Gütern und Maschinen

Holzarten und ihre Unterscheidung

Holzart	Eigenschaft	Verwendung
Kiefer	Weichholz, langfaserig und zäh, wenig elastisch, hell	Möbel, Fenster, Türen, Fußböden
Fichte	Weichholz, hell	Bauholz, Papierherstellung, Musikinstrumente
Buche	Hartholz, schwindet stark, gleichmäßige und unauffällige Maserung	Möbel, Parkettfußböden, Werkbänke, Kinderspielzeug
Eiche	Hartholz, helle warme Farben, gute Maserung	Parkettfußböden, Treppen, Möbel, Furniere
Mahagoni	Hartholz, rötlichgoldener Farbton, geringe Schwindung, schöne Maserung	Möbel, Fenster, Türen
Linde	Weichholz, sehr hell	Holzschnitzarbeiten

Arbeitsblatt: Fertigung von Gütern und Maschinen

Eigenschaften von Werkstoffen

Werkstoff
Gebrauchseigenschaften
Be- und Verarbeitungseigenschaften

Stahl:

Aluminium:

Kupfer:

Glas:

Holz:

PVC:

Kunstfaser:

Lösungsblatt: Fertigung von Gütern und Maschinen

Eigenschaften von Werkstoffen

Werkstoff
Gebrauchseigenschaften
Be- und Verarbeitungseigenschaften

Stahl:

elastisch, wärmeleitend, schwer

spanbar, warm umformbar

Aluminium:

biegsam, leicht, elektrisch leitend

spanbar, gießbar, bedingt umformbar

Kupfer:

weich, witterungsbeständig, elektrisch leitend, biegsam

spanbar, umformbar

Glas:

hart, spröde, witterungsbeständig, durchsichtig, isolierend

schneidbar, warm umformbar

Holz:

weich bis hart, biegsam, witterungsunbeständig

spanbar, bedingt umformbar

PVC:

elastisch, witterungsbeständig, isolierend, umweltbelastend

spanbar, warm umformbar

Kunstfaser:

elastisch, fest, leicht witterungsbeständig

vielseitig zu Textilien verarbeitbar

Arbeitsblatt: Fertigung von Gütern und Maschinen

Fertigung eines Notizblattständers

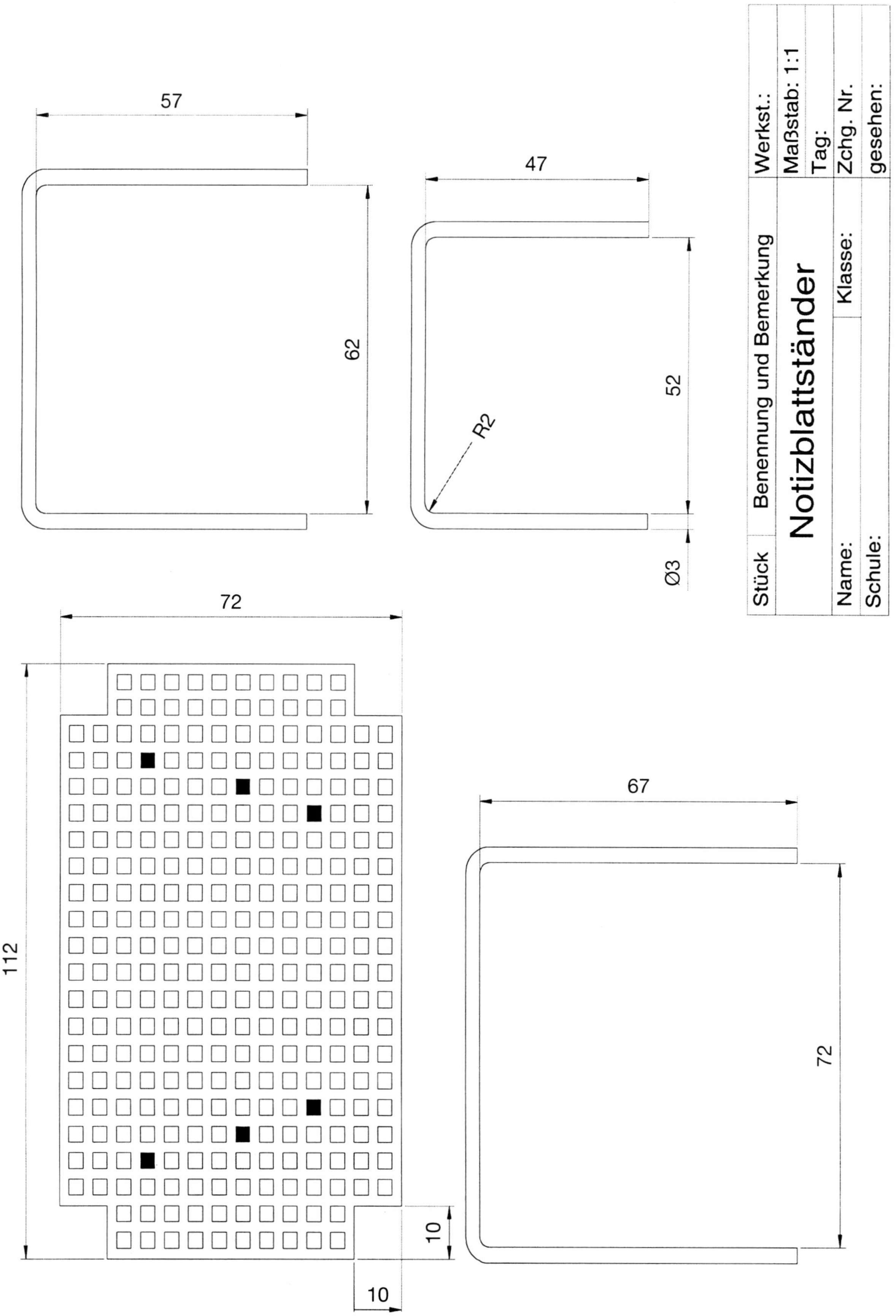

Arbeitsblatt: Fertigung von Gütern und Maschinen

Arbeitsplan

Notizblattständer in Einzelfertigung

Name: ______________________ Datum: ______________________

Nr.	Arbeitsschritt	Werkstoff	Werkzeug	Hinweis/UVV
1	Grundplatte 93 x 53 x 10 sägen	Spanplatte	Handsäge, Messwerkzeug	
2	Grundplatte 92 x 52 x 10 feilen	Spanplatte	Raspel/Flachfeile, Messwerkzeug	
3	Lochblech 113 x 73 x 0,5 ausschneiden	Verzinntes Lochblech Löcher 3 x 3	Handblechschere, Messwerkzeug	
4	Aussparungen 10 x 10 am Lochblech ausschneiden	Verzinntes Lochblech Löcher 3 x 3	Handblechschere, Messwerkzeug	
5	Lochblech auf 112 x 72 x 0,5 und Aussparungen 10 x 10 feilen	Verzinntes Lochblech Löcher 3 x 3	Flachfeile, Messwerkzeug	Entgraten
6	Lochblech über Biegeklotz 90 x 52 x 10 biegen	Verzinntes Lochblech Löcher 3 x 3	Biegeholz, Schraubstock, Handhammer 500g	
7	Grundplatte beizen	Schwarze Beize	Flachpinsel	Raum belüften
8	Draht für Drahtbügel ablängen auf 151,5 und 181,5 und 211,5	Kupfer-Schweißdraht Ø 3	Puksäge, Messwerkzeug	Entgraten
9	Draht für Drahtbügel auf 150 und 180 und 210 feilen	Kupfer-Schweißdraht Ø 3	Flachfeile, Messwerkzeug	Entgraten
10	Drahtbügel über Biegeklotz mit R = 2 biegen (von Hand auf 90° nachbiegen)	Kupfer-Schweißdraht Ø 3	Biegeholz, Handhammer 500g, Winkel	Schutzbacken benutzen
11	Grundplatte und Lochblech fügen	Spanplatte, Lochblech	Kunststoffhammer	
12	Bohrungen anzeichnen	Grundplatte	Filzstift	
13	Bohrungen Ø 2,9; 7 tief in die Grundplatte bohren (Spanplatte mit Ø 2,8 bohren)	Grundplatte	Handbohrmaschine im Ständer, Bohrer Ø 2,9	Eng anliegende Kleidung tragen
14	Drahtbügel in Bohrungen einsetzen	Grundplatte, Drahtbügel	Kunststoffhammer	Wechselseitig einschlagen
15	Endkontrolle, Selbstbewertung			

Arbeitsblatt: Fertigung von Gütern und Maschinen

Material- und Werkzeugliste

Um die Arbeitsplätze einrichten und die erforderliche Materialmenge bereitstellen zu können, haben sich Material- und Werkzeuglisten bewährt. Ihnen sind schnell die notwendigen Daten zu entnehmen.

Für die Herstellung der Notizblattständer in Einzelfertigung ist berücksichtigt, dass die Klasse in drei Gruppen eingeteilt wird. Jede Gruppe beginnt mit einem anderen Werkstück: Grundplatte, Drahtbügel oder Lochblech. Dadurch werden Werkzeugengpässe vermieden.

Materialbedarf für 16 Schülerinnen und Schüler

Schweißdraht Ø 3	9 m
Spanplatte 10 mm	1,5 m^2
Hartholz oder Stahl für die Biegeklötze	2 St
Lochblech 480 x 150 x 0,5 (3 x 3 Löcher)	3 St

Die Materialliste ist neben der Arbeitszeit Grundlage der Kostenermittlung.

Werkzeugliste

Handsäge	4 St
Raspel	4 St
Flachfeile	4 St
Handblechschere	2 St
Handhammer 500 g	4 St
Flachpinsel	4 St
Puksäge	4 St
Kunststoffhammer	4 St
Bohrmaschine mit Ständer	2 St
Bohrer Ø 2,9 für Hartholz (Spanplatte Ø 2,8)	2 St
Beize	0,2 Liter
Bleistift	15 St
Lineal	15 St
Filzstift	4 St

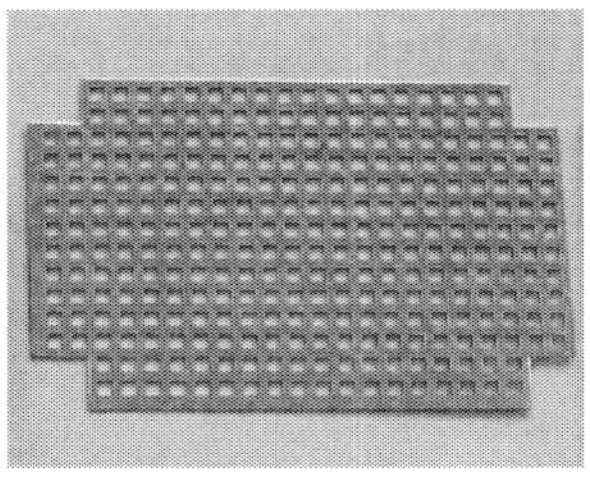

Arbeitsblatt: Fertigung von Gütern und Maschinen

Analyse einer Handbohrmaschine

Aufgaben:

Versucht den nachfolgenden Bezeichnungen die entsprechenden Nummern aus der Zeichnung zuzuordnen. Begriffe, die euch unbekannt sind, könnt ihr beispielsweise in einem Lexikon oder Physikbuch finden.
Versucht anschließend herauszufinden, welche Funktion die aufgeführten Bauteile haben.

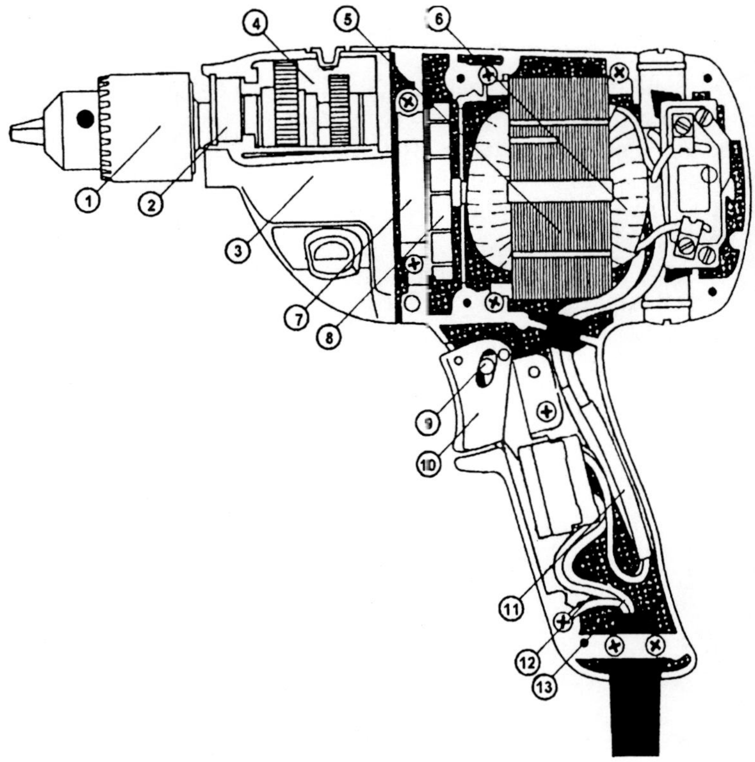

Nr.:	Bezeichung	Funktion
	Bohrfutter	
	Kugellager der Bohrspindel	
	Getriebe	
	Kunststoffgehäuse	
	Anker mit Ankerwicklung	
	Stator mit Statorblechen	
	Ventilatorrad	
	Kugellager der Ankerwelle	
	Einschalter	
	Feststellknopf für den Einschalter	
	Funkentstörung	
	Stromzuführung	
	Schutzleiter	

Lösungsblatt: Fertigung von Gütern und Maschinen

Analyse einer Handbohrmaschine

Aufgaben:

Versucht den nachfolgenden Bezeichnungen die entsprechenden Nummern aus der Zeichnung zuzuordnen. Begriffe, die euch unbekannt sind, könnt ihr beispielsweise in einem Lexikon oder Physikbuch finden.
Versucht anschließend herauszufinden, welche Funktion die aufgeführten Bauteile haben.

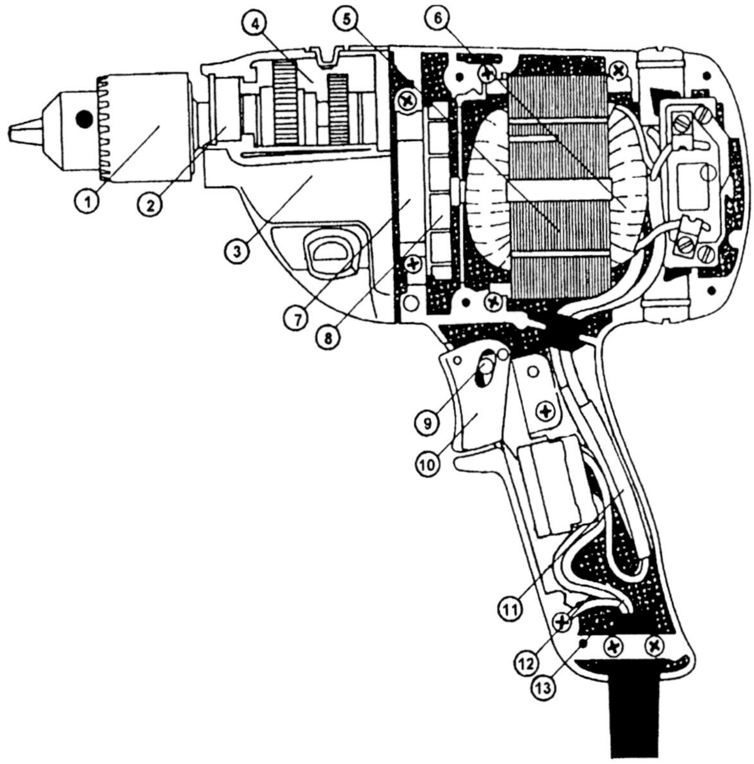

Nr.:	Bezeichung	Funktion
1	Bohrfutter	dient zur Aufnahme des Bohrers (des Arbeitsorgans)
2	Kugellager der Bohrspindel	sorgt für leichten Lauf der Bohrspindel
3	Getriebe	überträgt die Kraft des Motors auf die Spindel, übersetzt die Drehzahl
4	Kunststoffgehäuse	dient als Trägerorgan
5	Anker mit Ankerwicklung	ist der drehbare Teil des Motors (Antriebsorgan)
6	Stator mit Statorblechen	ist der feststehende Teil des Motors (Antriebsorgan)
7	Ventilatorrad	dient zur Kühlung des Motos
8	Kugellager der Ankerwelle	sorgt für leichten Lauf des Ankers
9	Einschalter	unterbricht/verbindet den Motor mit elektrischer Energie (Steuerorgan)
10	Feststellknopf für den Einschalter	blockiert den Einschalter
11	Funkentstörung	verhindert elektromagnetische Abstrahlung
12	Stromzuführung	verbindet das elektrische Netz mit der Bohrmaschine
13	Schutzleiter	sorgt dafür, dass äußere Metallteile der Bohrmaschine nicht unter Spannung stehen können

Arbeitsblatt: Fertigung von Gütern und Maschinen

Zuordnung von Funktionsorganen

Ordnet den aufgeführten Maschinen die Funktionsorgane zu.

	Antriebsorgan	Übertragungsorgan	Arbeitsorgan
Fahrrad			
Bohrmaschine			
Moped			
Waschmaschine			
Kraftfahrzeug			
Nähmaschine			
…			
…			

Lösungsblatt: Fertigung von Gütern und Maschinen

Zuordnung von Funktionsorganen

Ordnet den aufgeführten Maschinen die Funktionsorgane zu.

	Antriebsorgan	Übertragungsorgan	Arbeitsorgan
Fahrrad	Pedale	Kettenrad, Kette, Kettenritzel, Nabe, Speichen, Felge	Reifen
Bohrmaschine	Elektromotor	Getriebe, Bohrspindel, Bohrfutter	Bohrer
Moped	Benzinmotor (Kolben und Zylinder)	Kurbelwelle, Getriebe, Ritzelwelle, Ritzel, Kette, Kettenrad, Nabe, Speichen, Felge	Reifen
Waschmaschine	Elektromotor	Keilriemen	Waschtrommel
Kraftfahrzeug	Benzinmotor	Getriebe, evtl. Kardanwelle, Differenzial, Felgen	Reifen
Nähmaschine	Fußpedal oder Elektromotor	Riemen	Nadel, Transporteur
...			
...			

Arbeitsblatt: Fertigung von Gütern und Maschinen

Bestimmen der Übertragungsorgane von Maschinen

Maschine	**Übertragungsorgan**	**Funktion**
Tischbohrmaschine	Riemengetriebe oder Zahnradgetriebe	Übertragung der Antriebsenergie des Motors auf den Bohrer
Bagger		
Kran		
Waschmaschine		
Motorrad		
Kreissäge		

Lösungsblatt: Fertigung von Gütern und Maschinen

Bestimmen der Übertragungsorgane von Maschinen

Maschine	Übertragungsorgan	Funktion
Tischbohrmaschine	Riemengetriebe oder Zahnradgetriebe	Übertragung der Antriebsenergie des Motors auf den Bohrer
Bagger	Hydraulikanlage und Zahnradgetriebe	Hydraulische Übertragung der Antriebsenergie zum Bewegen des Schwenkarmes und des Baggerlöffels für Erdaushub und Verladung Zahnradgetriebe für den Antrieb des Fahrwerkes
Kran	Hydraulikanlage, Zahnradgetriebe, Drahtseile	Hydraulische Übertragung der Antriebsenergie zum Bewegen des Kranauslegers, Zahnradgetriebe zum Antrieb der Seilwinde und zur Drehbewegung des Kranauslegers (Zahnkranz)
Waschmaschine	Riemengetriebe	Übertragung der Antriebsenergie auf die Waschtrommel
Motorrad	Zahnradgetriebe, Kettengetriebe, Kardanwelle	Zahnradgetriebe zur Anpassung der Drehzahl des Motors an die entsprechend der Fahrgeschwindigkeit notwendigen Drehzahl, Kette oder Kardanwelle zur Übertragung der Energie vom Getriebe auf das Antriebsrad
Kreissäge	Riemengetriebe, Welle	Verbindung zwischen Motor und Sägeblatt

Test: Fertigung von Gütern und Maschinen

Name: ______________________ Klasse: _____ Datum: ________ Punkte

1 Warum haben die Menschen im Laufe der Zeit immer mehr Maschinen erfunden?

____

____

____

____ ________

2. Mit welchen Kräften wurden die Maschinen vor der Zeit der Dampfmaschine angetrieben?

____

____

____ ________

3. Nenne wichtige Grundregeln im Umgang mit Werkzeug, insbesondere Bohrmaschinen.

____

____

____

____

____

____

____

____

____

____

____ ________

4. Welche Vorteile bringen CNC-gesteuerte Werkzeugmaschinen gegenüber der Fertigung mit handbedienten Werkzeugmaschinen? Wann lohnt sich ihr Einsatz ganz besonders?

____

____

____

____

____

____

____ ________

Test/Lösungen: Fertigung von Gütern und Maschinen

Name: ____________________ Klasse: _____ Datum: ________ Punkte

1 Warum haben die Menschen im Laufe der Zeit immer mehr Maschinen erfunden?

Die Erfindung von Maschinen diente in erster Linie der Erleichterung der Arbeit (z.B. Bohrer) und der Nutzbarmaschung von Energie (z. B. Wasserräder, Dampfmaschine)

2. Mit welchen Kräften wurden die Maschinen vor der Zeit der Dampfmaschine angetrieben?

Mit Muskelkraft von Tieren und Menschen, und in der Natur vorkommenden Kräften (Wind, Wasser)

3. Nenne wichtige Grundregeln im Umgang mit Werkzeug, insbesondere Bohrmaschinen.

z. B.

- nur eng anliegende Kleidung tragen
- Schals, Schmuck usw. ablegen
- lange Haare zusammenbinden
- keine Arbeitshandschuhe tragen
- Schutzbrille tragen (beim Bohren von sprödem Material)
- Werkstück vor Herumschlagen oder Umkippen sichern
- nie den Spannschlüssel im Bohrfutter stecken lassen
- Späne nicht mit der Hand entfernen
- nur eine Person arbeitet an der Ständerbohrmaschine

4. Welche Vorteile bringen CNC-gesteuerte Werkzeugmaschinen gegenüber der Fertigung mit handbedienten Werkzeugmaschinen? Wann lohnt sich ihr Einsatz ganz besonders?

CNC-gesteuerte Werkzeugmaschinen arbeiten schneller und genauer als handgesteuerte Werkzeugmaschinen.

Ihr Einsatz lohnt sich besonders bei großen Stückzahlen, da der Zeit- und Kostenaufwand pro hergestelltes Werkstück mit steigenden Stückzahlen immer geringer wird.